牛散大学堂

———— 让中国的投资文化走向世界 ————

使命丨让中国的投资文化走向世界

愿景丨打造中国A股市场完美的投资体系

目标丨让更多投资者少走弯路,有机会成为牛散

股市交易实用技巧
与案例解析

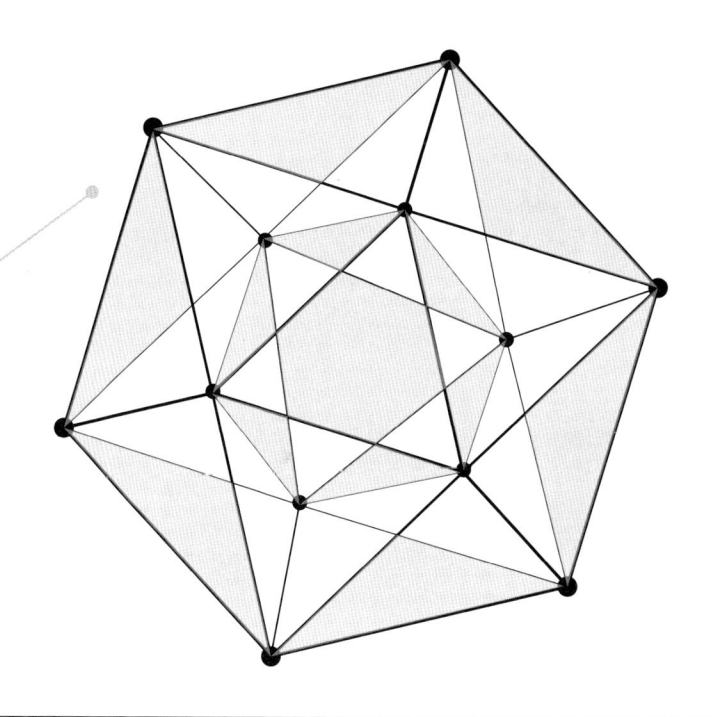

四大买入战法和四大卖出战法
上百个案例深入浅出剖析

吴国平 ◎ 著

让更多投资者
少走弯路且有机会成为牛散

甘肃人民出版社

图书在版编目（CIP）数据

股市交易实用技巧与案例解析 / 吴国平著. -- 兰州：甘肃人民出版社，2021.1
ISBN 978-7-226-05630-1

Ⅰ. ①股… Ⅱ. ①吴… Ⅲ. ①股票投资－基本知识 Ⅳ. ① F830.91

中国版本图书馆CIP数据核字(2021)第010157号

责任编辑：袁　尚
封面设计：雷春华

股市交易实用技巧与案例解析
吴国平　著
甘肃人民出版社出版发行
(730030　兰州市读者大道568号)
北京温林源印刷有限公司印刷

开本 710毫米×1000毫米　1/16　印张 8.25　插页 2　字数 108千
2021年7月第1版　2021年7月第1次印刷
印数：1~4000

ISBN 978-7-226-05630-1　　　定价：28.00元

"成长为王"知己知彼，百战不殆

古人说，知己知彼，百战不殆。从初生的萌芽，到茁壮成长的大树，见证着的是成长，股市交易也不例外。对于广大投资者来说，要在股市上获利，甚至实现账户翻倍，非得下苦功去深入研究不可。中国的股票交易市场日渐成熟，在为上市公司提供资金的同时，也为各种类型的交易者提供了目不暇接的交易机会。

需要特别说明的是，本书的写作初衷是为了帮助每一个小散户"成长为王"。

感性认知阶段，解析市场资金方，辨识市场行为；

理性认知阶段，解读资金操盘法，公开多种交易模式；

悟性认知阶段，走进短线情绪面，深入了解交易的规律。

股市归根到底还是一个投资市场，一个由各种复杂人性博弈—主观策划—随机波动构成的地方，你在里面浸淫的时间越长，就越能理解什么是水无常形、兵无常态，只有不断总结，顺势而为才是制胜之道。切记不要因为自己的"一招制胜"而沾沾自喜。

如果你想从本书中学习股市交易的方法，并应用到实战中，取得比较理想的成绩，那么，就请从现在开始做到知己知彼吧！

目录

牛散大学堂的股威宇宙 ·················· 1
第一章 鹰击长空买入战法 ··············· 5
  1.1 案例前瞻 ························· 6
    天山股份 ························· 6
    秀强股份 ························· 7
    奥特佳 ··························· 8
  1.2 鹰击长空战法之买卖核心讲解 ········ 9
  1.3 案例巩固精讲 ····················· 10
    上峰水泥 ························· 10
    道恩股份 ························· 11
    武昌鱼 ··························· 12
    三江购物 ························· 13
    万通智控 ························· 14
    煌上煌 ··························· 15
    四川双马 ························· 16
    金力永磁 ························· 17
    方大炭素 ························· 18
    九鼎新材 ························· 19

第二章　神龙摆尾买入战法 …… 21
2.1 案例前瞻 …… 21
　　易尚展示 …… 21
2.2 神龙摆尾战法之买卖核心讲解 …… 23
2.3 案例巩固精讲 …… 24
　　方大炭素 …… 24
　　天齐锂业 …… 27
　　中船防务 …… 29
　　生意宝 …… 30
　　冠农股份 …… 32
　　宝泰隆 …… 35

第三章　破釜沉舟买入战法 …… 37
3.1 案例前瞻 …… 37
　　精功科技 …… 37
3.2 破釜沉舟战法之买卖核心讲解 …… 38
3.3 案例巩固精讲 …… 39
　　大族激光 …… 39
　　棕榈股份 …… 40
　　振德医疗 …… 42
　　民生控股 …… 43
　　海虹控股 …… 44
　　中兵红箭 …… 45

第四章　欲擒故纵买入战法 …… 47
4.1 案例前瞻 …… 47
　　汉钟精机 …… 47
4.2 欲擒故纵战法之买卖核心讲解 …… 48
4.3 案例巩固精讲 …… 49

恒泰艾普	49
星期六	50
湖南天雁	51
长城动漫	52
西仪股份	53
金力永磁	54
北化股份	55
秀强股份	56
ST 佳电	57
宝泰隆	58
第五章　分道扬镳卖出战法	61
5.1 案例前瞻	61
赣锋锂业	61
5.2 分道扬镳战法之卖点核心讲解	62
5.3 案例巩固精讲	63
荣晟环保	63
开润股份	64
三聚环保	65
天齐锂业	66
三江购物	67
天箭科技	68
华天科技	69
兴森科技	70
银星能源	71
英洛华	72
联环药业	73
鲁抗医药	74

四环生物	75
通光线缆	76
第六章　瞒天过海卖出战法	**77**
6.1 案例前瞻	77
天山股份	77
6.2 瞒天过海战法之卖点核心讲解	78
6.3 案例巩固精讲	79
平安银行	79
供销大集	80
浙商中拓	81
道恩股份	82
厦门港务	83
新宏泽	84
科大国创	85
正邦科技	86
第七章　功成身退卖出战法	**87**
7.1 案例前瞻	87
保利地产	87
7.2 功成身退战法之卖点核心讲解	88
7.3 案例巩固精讲	88
安琪酵母	88
东阿阿胶	89
北方华创	90
韦尔股份	91
以岭药业	92
五粮液	93
大北农	94

上海新阳 ·· 95
　　　中铁工业 ·· 96
　　　中国长城 ·· 97
　　　碧水源 ·· 98
　　　浙江龙盛 ·· 99
　　　比亚迪 ··· 100
　　　江西铜业 ··· 101
　　　罗牛山 ··· 102
　　　东方财富 ··· 103

第八章　穷途末路卖出战法 ······································· 105
　8.1 案例前瞻 ··· 105
　　　方大炭素 ··· 105
　8.2 功成身退战法之卖点核心讲解 ······························· 107
　8.3 案例巩固精讲 ··· 108
　　　杉杉股份 ··· 108
　　　合纵科技 ··· 109
　　　焦作万方 ··· 110
　　　景峰医药 ··· 111
　　　万通智控 ··· 112
　　　市北高新 ··· 113
　　　GQY 视讯 ··· 114
　　　澄星股份 ··· 115
　　　上海凤凰 ··· 116
　　　方大炭素 ··· 117
　　　江苏索普 ··· 118
　　　宝泰隆 ··· 119
　　　中国宝安 ··· 120

牛散大学堂的股威宇宙

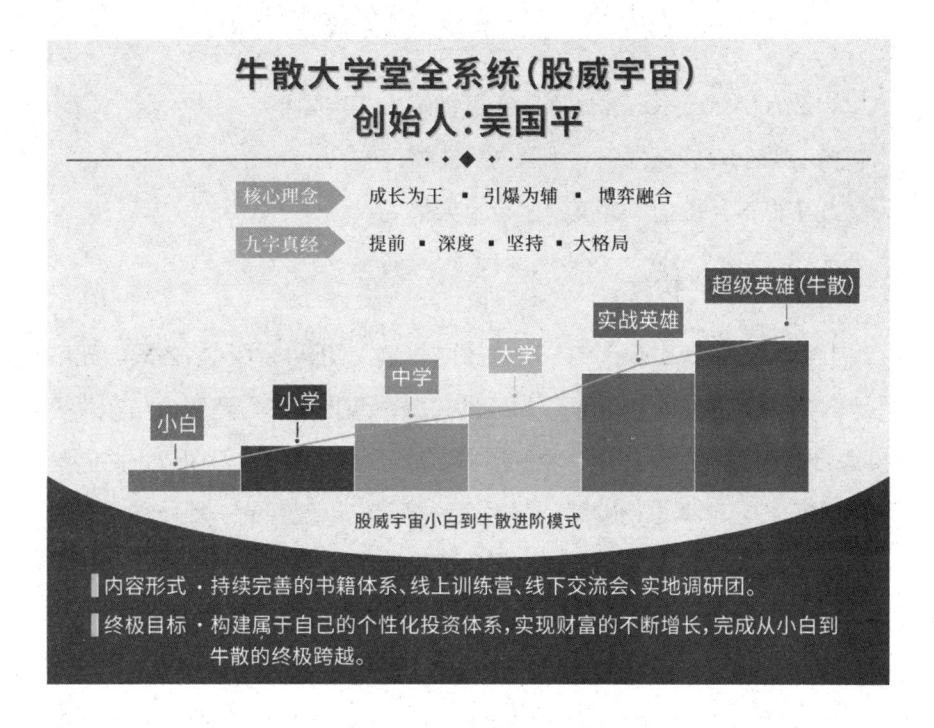

牛散大学堂全系统（股威宇宙）
创始人：吴国平

核心理念　成长为王　●　引爆为辅　●　博弈融合

九字真经　提前　●　深度　●　坚持　●　大格局

小白　小学　中学　大学　实战英雄　超级英雄（牛散）

股威宇宙小白到牛散进阶模式

■ 内容形式　持续完善的书籍体系、线上训练营、线下交流会、实地调研团。

■ 终极目标　构建属于自己的个性化投资体系，实现财富的不断增长，完成从小白到牛散的终极跨越。

重新定义你的操盘体系

很多人一直在寻找提升自我的系统课程，付出相当多的精力后却发现，大部分都只是一招半式，没有整体性可言。正因为自身没能全面武装自己，所以非专业投资者依旧占据大多数。

我们来了，来帮你构建交易系统，牛散大学堂的股威宇宙系统就是为你而搭建，从"小白"到"牛散"，我们来帮你逐步成长。

我们的底气在于：我们自身就是从小白一路成长起来的，也一直从业于资产管理一线，深知市场一线人群最需要什么知识和技能。基于未来中国资本市场的发展将趋于专业化和成熟化，目前普通投资者确实已经到了迫切需要提升自我的时候了。只有提升自我，才能更好地适应资本市场。我们的股威宇宙——牛散大学堂全系统，或许就是你最好的选择。

牛散大学堂全系统（股威宇宙）

牛散大学堂全系统（股威宇宙）创始人：吴国平

核心理念：成长为王　引爆为辅　博弈融合

九字真言：提前　深度　坚持　大格局

股威宇宙的构建：

1. 我们的系统由强大的分析师团队打造，团队成员风格各异但无不经验丰富且自成一派，我们不做纯理论派，而是力图打造理论与实践高度融合的精品教程。其中，我们自身实战原创内容占主导地位，并借鉴其他方面经典解读进行辅助，博采众长是我们价值观的一种补充。

2. 股威宇宙将个人交易者分为六个不同的阶段（从"小白"到"牛散"），学员或者读者可以对比自身情况快速选择自己对应的学习阶段，不同的学习阶段将有不同的书籍和线上训练课程。

3. 除了书籍体系和线上课程体系，到上市公司实地调研也是牛散大学堂股威宇宙实战的一种衍生，属于实战英雄或超级英雄课程。那里的世界会很精彩，充满乐趣惊喜，通过与上市公司管理高层的对话了解企业真实情况，真正感受什么叫功夫在市场之外。

4. 我们的系统来源于实战的经历，但不拘泥于实战经历，通过认真总结使它高于实战，一切只为帮助交易者提高自身的交易技巧和水平。

股威宇宙：从小白到牛散进阶模式

1. 小白

小白是指对交易市场有兴趣但没有任何知识和经验的交易人群。这个群体既没有实战经验，也没有理论基础，对K线、盘口信息等基础知识一无所知或一知半解，属于资本市场潜在参与力量。

2. 小学生

小学生是指对基本的概念有一些了解，刚入市还没经历过市场洗礼的人群。这个群体能看到盘面的基础信息，也知道基本的交易规则，但具体到成长股的概念，个股涨停背后的逻辑或者技术波浪理论等都还处于未知的状态。

3. 中学生

中学生是指对概念较为了解，对K线形态开始清晰，并掌握了一些技术分析方法，自我感觉还不错的人群。这个群体入市时间不长，初出茅庐、踌躇满志，开始接受市场残酷的洗礼，感受到了资本市场的一些机会和风险。

4. 大学生

大学生是指有一些自己的分析方法的人群，但分析方法总体来说零零散散，还没有形成一套完善的研判体系。另外也还不大懂如何将它们融合运用，需要更贴近市场去把握市场的本质，从而进入一个新的自我提升阶段。

5. 实战英雄

如果你已经有了实战英雄的水准，那么恭喜你，你已经开始知道如何融合运用基本面和技术分析的投资方法，对交易的心理博弈也开始有所体会。在这个阶段你需要透过反复实践感知市场的博大精深，真正理解核心理念"成长为王，引爆为辅，博弈融合"的含义，认清市场的本质，渐渐进入一个赢家的行列。

6. 超级英雄（牛散）

牛散几乎代表着个人投资者的最高水准，他们的投资理念、操作风格、投资偏好各有千秋，但无一例外都是市场中极少数的大赢家，创造了一个又一个的财富增长神话。他们善于抓住市场机遇，经历过大风大浪，投资心态十分稳定，在起起落落中不断汲取养分，交易体系跟随市场不断进化。

股威宇宙特点：

系统性教学，明确的进阶模式，适合所有人群。

学习阶段、目标以及成果的量化，每个阶段，我们都会让你清楚知道你能收获什么。

实践出真知。我们会让每个阶段都有练习，实战是最好的诠释。

一线从业人员和牛散提供技术支持，读者和学员有机会与之在线上线下进行互动。

投资体系阶梯式建立，由点到面，从无招到有招再到无招。用心学习，小白终成一代牛散。

第一章 鹰击长空买入战法

学前须知：

1.我们的核心理念：成长为王，博弈融合，引爆为辅。正所谓"十八般武艺，各显神通；十八般兵器，自有辉煌"，股市道法千招万式，总有几式可以让你做交易行云流水。学最好的课程，做最牛的散户，接下来跟大家分享的是本人交易体系中的八大买卖战法。

2.本课堂的内容在牛散大学堂股威宇宙的等级为小白级别。

1.1 案例前瞻

天山股份

第一个战法就是鹰击长空战法，顾名思义，怎么样才能做到鹰击长空、展翅飞翔呢？我们讲一个具体案例，给大家分享一下鹰击长空战法的具体操作方法。这个案例就是天山股份。

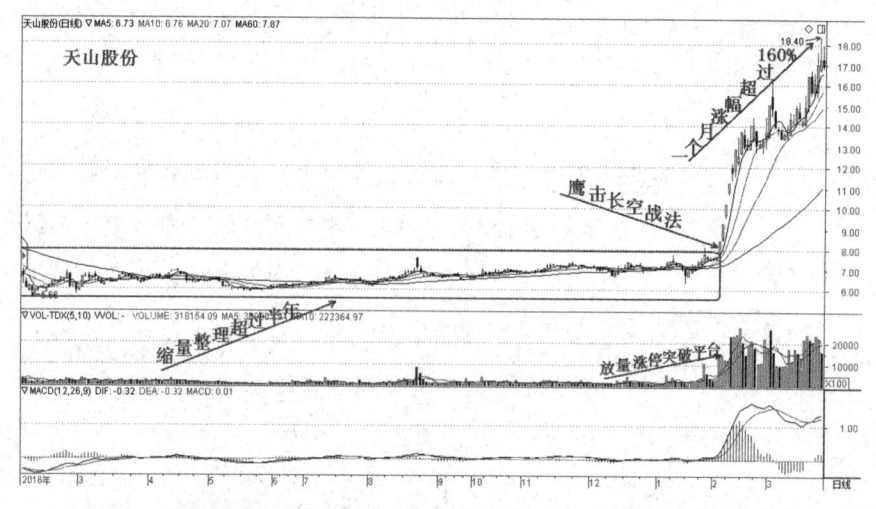

图案回顾点睛：天山股份运用鹰击长空战法的操作解析

天山股份在 2017 年也是比较牛的一只个股，你看它曾经缩量整理超过了半年时间，然后放量涨停突破平台。记住了，放量涨停！这是鹰击长空战法的一个很重要的要素。横的时间比较长，然后就出现了一个月高达 160% 的涨幅。

秀强股份

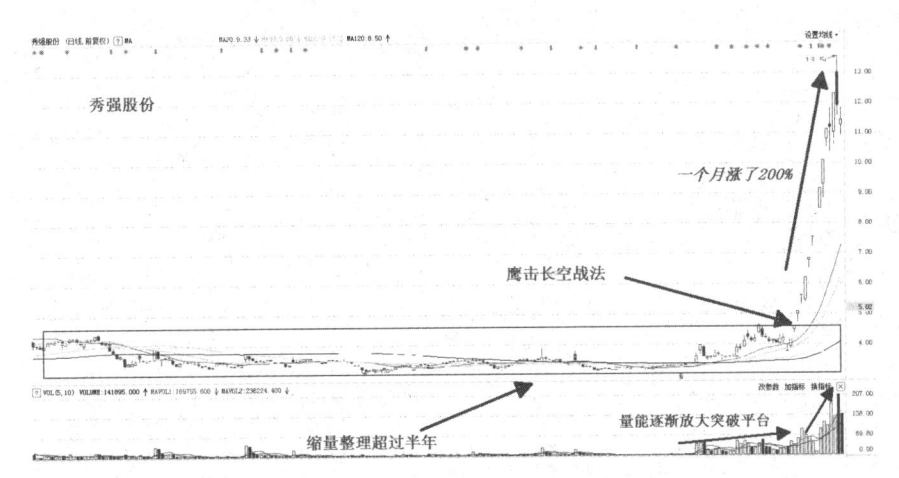

图案回顾点睛：秀强股份运用鹰击长空战法的操作解析

秀强股份的股价在过去大半年里一直呈横盘整理状态，且量能一直平稳过渡，这说明该股价量关系配合良好。投资者应保持对该股的观察，后面当出现量能持续爆量的情况下突破横盘整理平台，就可以迅速跟进买入股票。

奥特佳

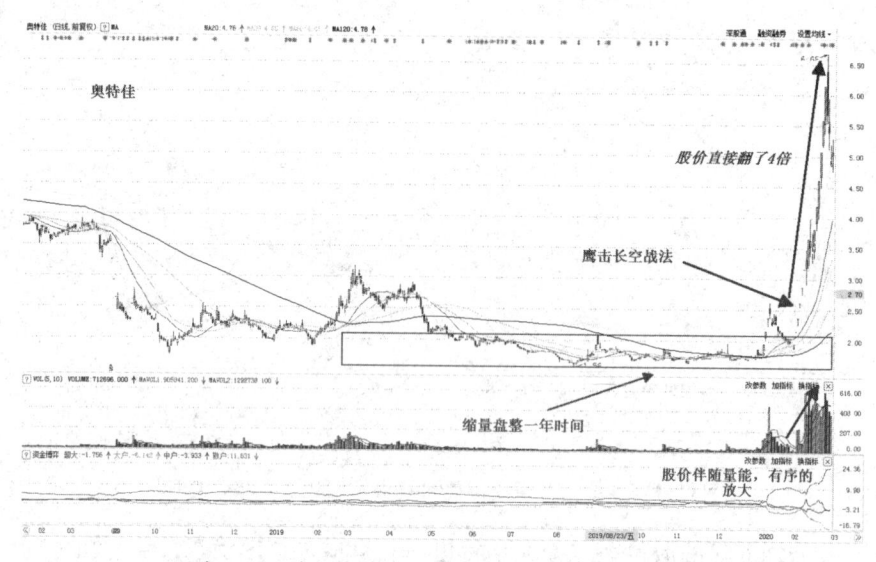

图案回顾点睛：奥特佳运用鹰击长空战法的操作解析

在过去一年的交易时间内，奥特佳股价一直处于盘整阶段，由于消息面上的配合叠加市场环境对低价股炒作的因素，盘整过一段时间的奥特佳又是使用鹰击长空战法的一个具体案例，仔细看，从它放巨量突破平台的那一个涨停板开始，股价就一路开启加速狂奔的模式，前期盘整1年多时间，"横有多长，竖有多高"，奥特佳后期涨幅达到200%，熟悉这个战法的投资者，一个月出手这一次就足够了。

1.2 鹰击长空战法之买卖核心讲解

买入标准（从每天的涨停板中寻找机会）

○前期横盘整理时间半年左右，量能平均（MACD在0轴附近金叉）；
○放量涨停突破平台，有跳空缺口最好；
○成交量最好是60日均量两倍以上。

卖出标准

○破10日线卖出或者分时图当日回撤超过5%卖出。

【学习温馨小总结】

　　鹰击长空战法，其实就是不出手则已，一出手就要鹰一样迅速地去捕捉猎物。那猎物是什么呢？猎物就是这种横了半年左右的横盘整理股，当然我们不能够局限在半年，可能三个月，也有可能更长一点时间。但是至少有一个要素是很确定的，就是横盘整理时间要比较长。另外一点，要放量涨停突破前期整理的平台，最好还有跳空向上缺口。为什么要有跳空向上缺口呢？因为有了它，更加能够说明是一个转势的动作。还要有第三个要素，即成交量最好是60日均线两倍以上，如果量能没有有效放大，那上涨力度也是相对比较小的。

　　鹰击长空战法的卖出也是有一定的标准的：比如说破了10日线，或者是分时图当日剧烈动荡回撤超过5%，我们是可以考虑卖出的。

1.3 案例巩固精讲

上峰水泥

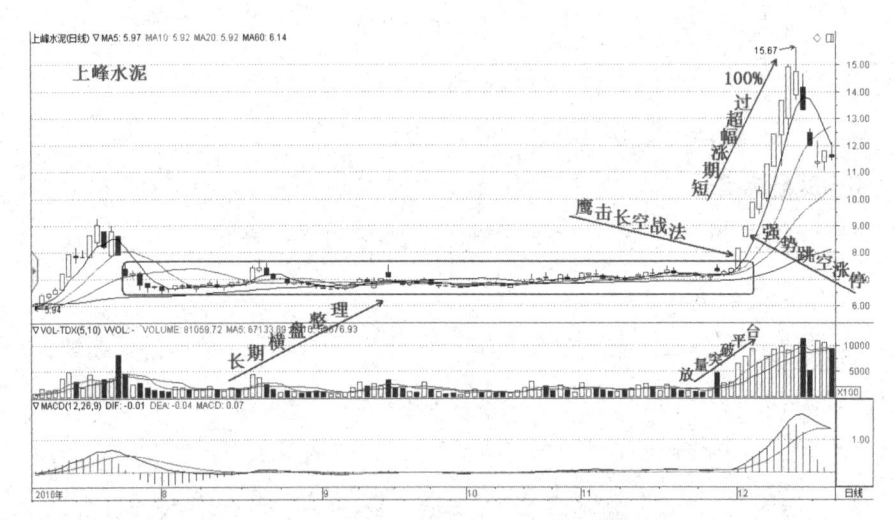

图案回顾点睛：上峰水泥运用鹰击长空战法的操作解析

  可以看到上峰水泥也是一个鹰击长空战法的实例，是我们可以把握的机会。你看它长期处于横盘震荡整理状态。长期横盘震荡时，一定不要参与，只需等待它发力的时候，等待看到猎物才要像鹰一样向下俯冲，这个时候才应出手。你可以看到量能持续放大，同时有跳空向上缺口，最好是有，没有也可以，但是一定要有一个涨停。横了很长时间，突然有一个涨停，"横有多长，竖有多高"，一个涨停就拉开了一个涨势的序幕。如果你是"老司机"的话，你就能看懂涨停后就要发力了，你就可以考虑在盘中的时候逐步建仓了。

道恩股份

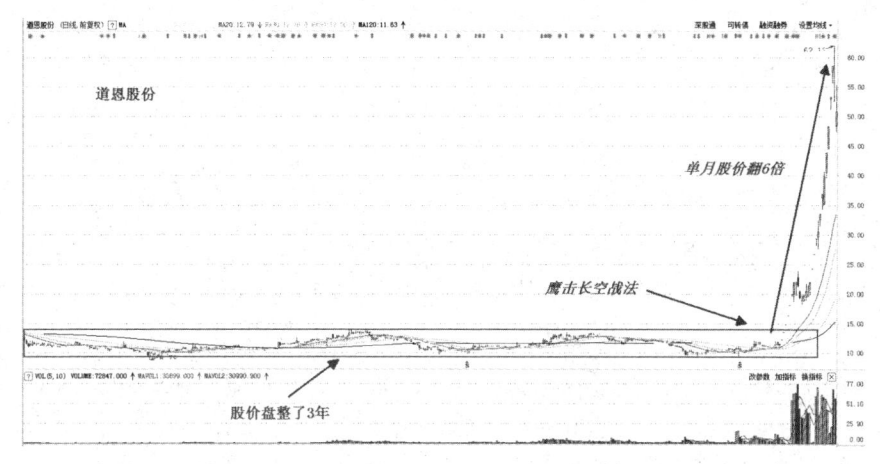

图案回顾点睛：道恩股份运用鹰击长空战法的操作解析

道恩股份在前期股价平稳盘整了接近3年的时间，受益于2020年的新冠肺炎疫情，股价直接坐地起爆，1个月不到的时间股价已经从9元上升到62元，真是不可思议！

【学习温馨小提示】

如果你是新手的话，建议你最好是在涨停板之后去买入，因为涨停是一个不可或缺的要素，也正是因为有涨停，才能说明它的鹰击长空的力度足够大，整个战法最终才能完美地实施。

武昌鱼

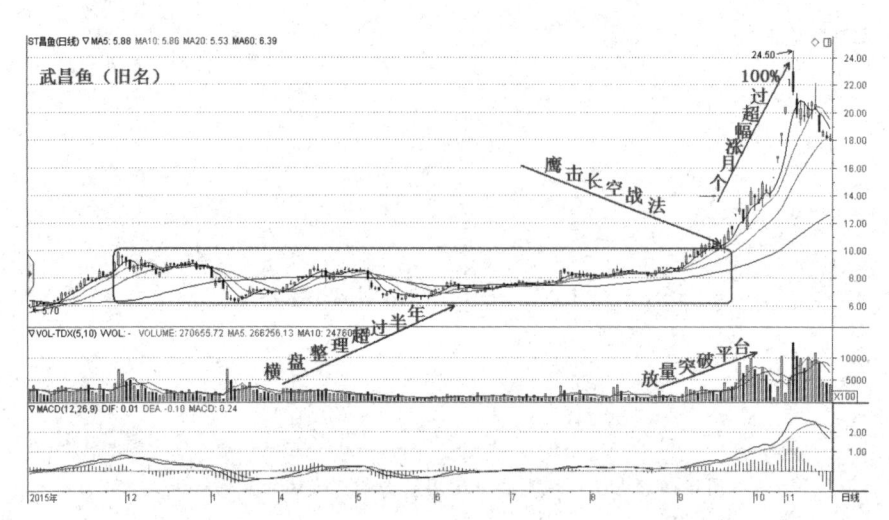

图案回顾点睛：武昌鱼运用鹰击长空战法的操作解析

你看武昌鱼横盘超过半年，之后放量突破，出现一根大阳线，就预示着接下来会有一波很强的涨势，是很值得我们去期待的！

从鹰击长空战法上可以总结以下几点：

1. 箱体内换手率较高；

2. 短期、中期均线粘合后发散，形成六线开花；

3. 突破箱体后有震仓回踩现象出现；

4. 突破箱体上沿以后震荡，收集箱体上下沿附近筹码；

5. 尽量选取小的流通盘。

三江购物

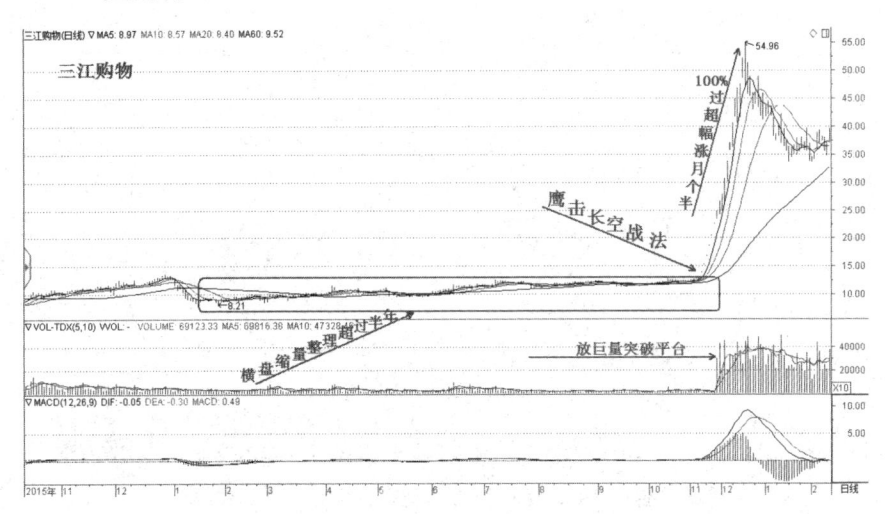

图案回顾点睛：三江购物运用鹰击长空战法的操作解析

三江购物横盘缩量整理也超过半年，然后放巨量突破平台。鹰击长空战法要放巨量突破平台，如果是无量涨停怎么办？其实问题不大，像这种无量涨停，你一开始买不了的话，等到开板之后，如果它也是符合鹰击长空战法的话，依然是具备买入条件的，依然可以去参与博弈，千万不要说涨了那么多了，这个时候买进去可能位置高了。因为它是无量涨停，事实上你可以把这个开板第一个涨停看成平台刚刚突破了的信号，像这样一个涨停的态势会更好一些，这才是正确的认识。

万通智控

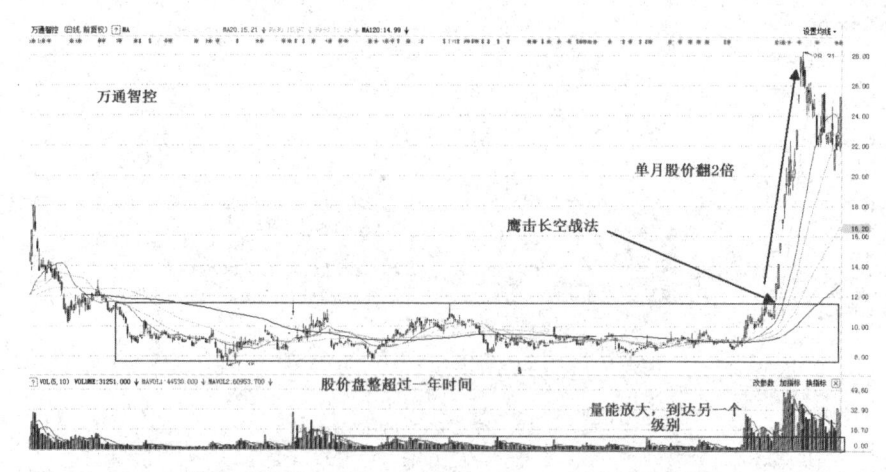

图案回顾点睛：万通智控运用鹰击长空战法的操作解析

万通智控股价盘旋了整整一年时间，屡次到箱体顶部就遇到打压回落，后面一根涨停线，再次引出鹰击长空战法。

煌上煌

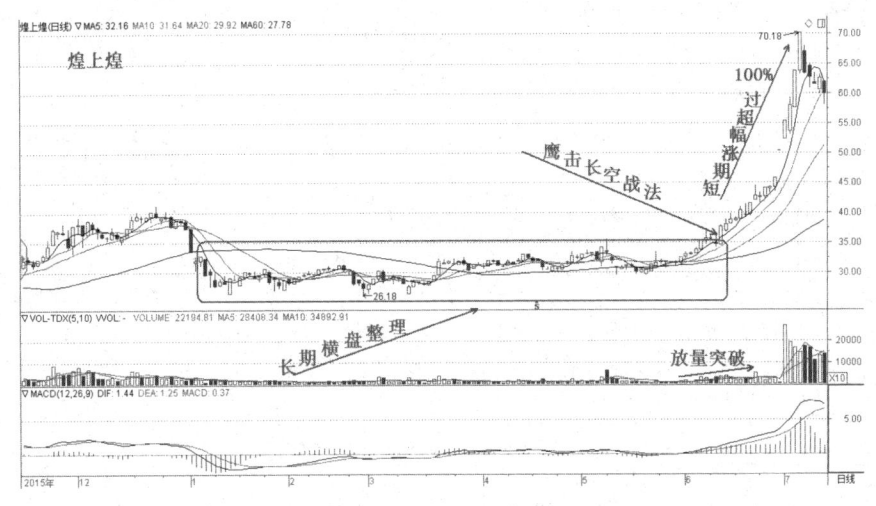

图案回顾点睛：煌上煌运用鹰击长空战法的操作解析

煌上煌长期横盘整理，整理得差不多了，然后就出现一个突破向上的趋势。当然也是中阳线突破，不是涨停板。要灵活运用鹰击长空战法，虽然说涨停是非常重要的要素，但有些时候盘中涨停也可以，或者接近涨停，也都能应用此战法。

【学习温馨小提示】

大家要结合整个题材、个股做综合研判，整体的要素越符合，我们就越可以积极地去参与。

四川双马

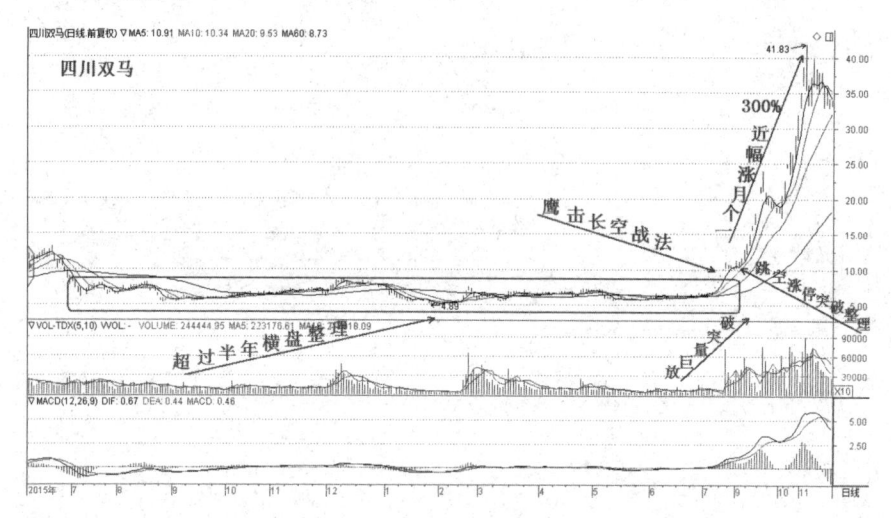

图案回顾点睛：四川双马运用鹰击长空战法的操作解析

四川双马也是出现这样的一个走势。很多案例都告诉我们，这种战法是很好的实战方法，短期内一旦抓住机遇，获利是十分丰厚的。

金力永磁

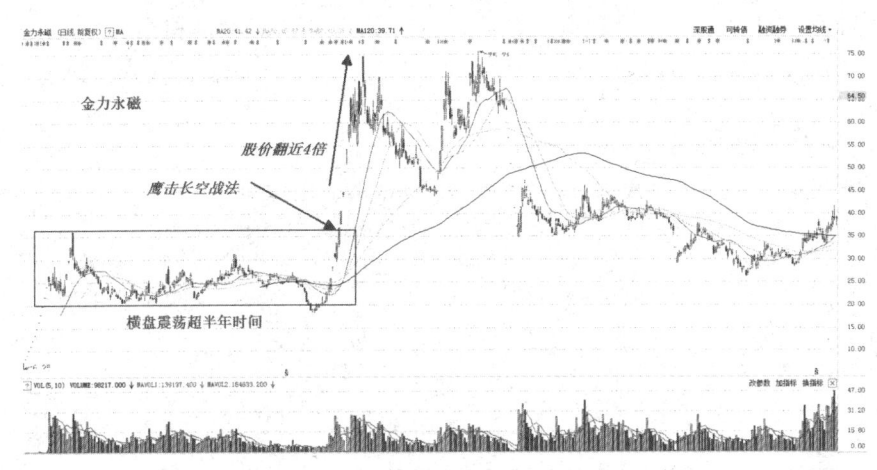

图中标注：
- 金力永磁
- 股价翻近4倍
- 鹰击长空战法
- 横盘震荡超半年时间

图案回顾点睛：金力永磁运用鹰击长空战法的操作解析

如图，金力永磁突破箱体后，股价一路猛涨，相信不少投资者认识了这个"稀土大哥"。

【学习延伸突破小细节】

鹰击长空战法亮点：

〇鹰击长空战法抓主升浪，短期收益非常可观；

〇短期收益往往可以超过 100%；

〇主力经过半年的吸筹，正式进入主升浪的启动点。

【学习温馨小总结】

鹰击长空战法特别适用于抓一些主升浪的机会，一旦你抓到的话，短期收益非常可观，很多时候可能会超过 100%。在这个过程当中有时候会有震荡，一旦出现浮亏的时候，你需要有一颗强大的心。当然，有些时候盘中在往上攻的过程当中，也会出现卖出信号，你也可以先提前获利了结。

如果一个标的完全符合鹰击长空战法，你参与进去可能会给你一个大惊喜。我们做了一个数据统计（当然会有一点夸张了），如果每个月你抓一次这样的机会的话,每次收益 20%,一年的收益复合增长接近 900%,即 9 倍。学会这个战法,对你去抓一些阶段性的机会,是非常有用的。好好去理解,好好去融合,那么你最终一定能把握住这些机会。

方大炭素

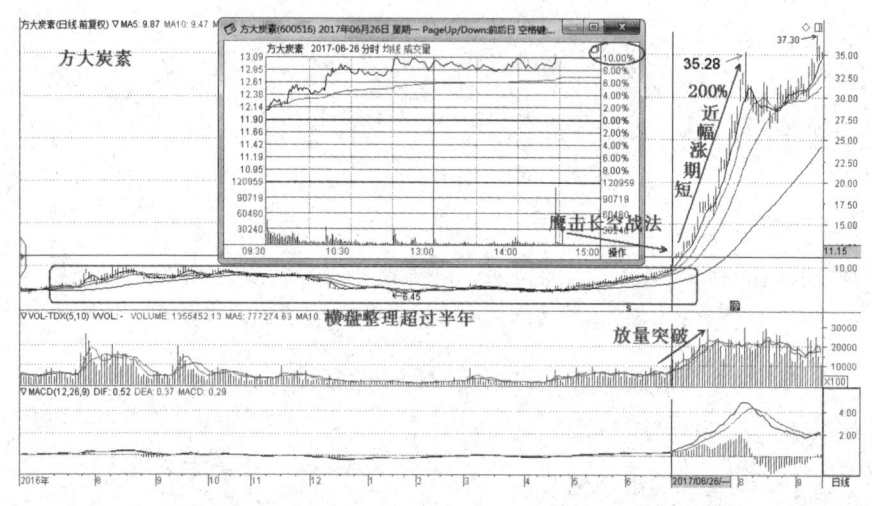

图案回顾点睛:方大炭素运用鹰击长空战法的操作解析

从上图可见方大炭素横盘超过半年的时间,在图中十字光标的位置才是真正的突破,这一天涨停板之后跳空高开最终封住涨停。我们当时在博客等所有自媒体,就是在这一天开始告诉大家,这个标的是值得去把握的。方大炭素 2017 年 6 月 26 日股价不到 13 元,到达高点 35.28 元(2017 年 8 月 4 日),股价涨了 170%,而且是在短期之内。当然在这个过程当中会有震荡,你也可以做波段,做差价,尽管你不能吃完整段的上涨利润,就算吃一半也获利颇丰。

九鼎新材

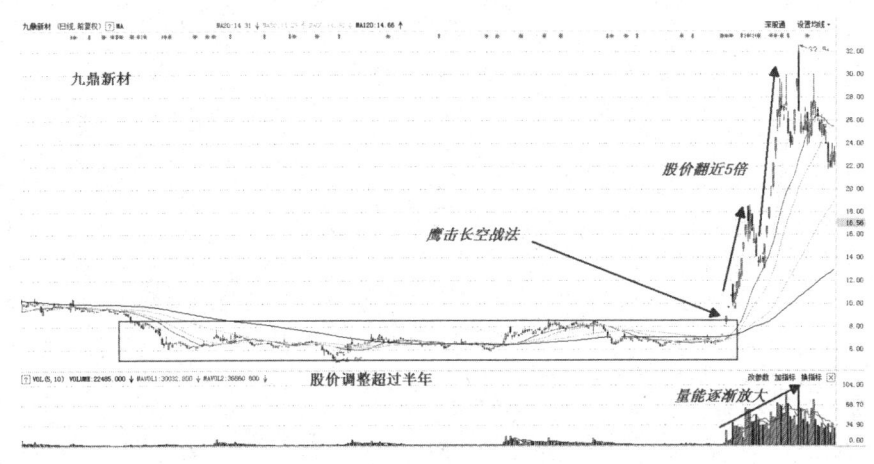

图案回顾点睛：九鼎新材运用鹰击长空战法的操作解析

九鼎新材股价盘整了大半年的时间，持续在低位区间震荡，随后一根阳线放量突破震荡箱体，打破了平静状态，应用鹰击长空战法一击中的，股价翻了5倍。希望大家之后的交易中，能熟练地运用鹰击长空战法。

[课后思考和作业]

1.结合上述的案例，你们可以尝试运用鹰击长空战法寻找更大潜力的标的介入。

2.思考一下本战法的买卖要点。

（正在书前认真答题的您，可以把作业发送至邮箱并注明书名和章节，让我们一起探讨吧！邮箱地址：wgp168@vip.163.com）

第二章　神龙摆尾买入战法

学前须知：

  1.学最好的课程，做最牛的散户，这是我们的宗旨。第二堂课——八大买卖战法的神龙摆尾战法，依然是买入战法的一个招数。我们怎么去理解神龙摆尾战法呢？神龙摆尾，是指要看见尾盘出现恰当的买点之后再买入的策略。接下来就帮助大家找出这个尾。

  2.本课堂的内容在牛散大学堂股威宇宙的等级为小白级别。

2.1 案例前瞻

易尚展示

图案回顾点睛：易尚展示运用神龙摆尾战法的操作解析

易尚展示在上涨的过程当中，进入短期的横盘调整，2015年11月2日，尝试向上突破，收出带量长上影线中阳线，尾盘可以尝试买入。从某种意义上来说，这种上影线就是应用神龙摆尾战法的重要信号，当日的分时图如下：

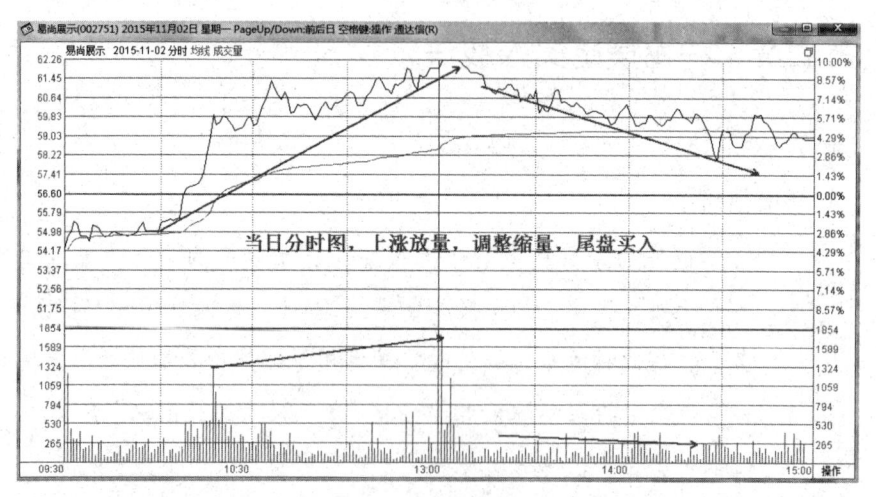

图案回顾点睛：易尚展示运用神龙摆尾战法的分时图操作解析

上涨放量，调整缩量，尾盘是可以买入的，神龙摆尾战法实质上就是在适当的尾盘时机买入。你可以再继续看隔天分时图：

图案回顾点睛：易尚展示运用神龙摆尾战法的分时图操作解析

2015年11月3日，易尚展示分时图显示高开震荡，也给了我们获利的机会，最终收盘是涨了4个点。

2.2 神龙摆尾战法之买卖核心讲解

买入标准（量化选股指标）

○阳线涨幅超过3%，长上影线长度超过3%；
○分时图显示上涨放量，调整缩量；
○股价在20日均线上方，20日均线往上走；
○尾盘10分钟买入（一个月涨幅超过50%的标的，不符合买入标准）。

卖出标准

○前期上影线高点附近择机卖出止盈；
○3%止损卖出（3天内不涨卖出）。

【学习延伸突破小细节】

大家先记住，买入标准是阳线涨幅要超过3%，长上影线长度要超过3%，分时图上涨要放量，调整要缩量，股价在20日均线上方，20日均线要往上走。为什么呢？20日均线往下是弱势，20日均线上方相对强势，应用神龙摆尾战法有一个重要的前提，就是一定要相对强势，而且阳线的涨幅最好要超过3%，长上影线的长度要超过3%。尾盘最后10分钟买入，相信你就不会被套住了吧。很多人说盘中买进去尾盘又亏了，就套住了。这些人是追涨停的，上午追进去，下午就变绿盘了，当天亏损十几个点；而你在尾盘去买，风险是相当低的。

尾盘买入这10分钟左右的价格，基本上就是你的成本区。在某种意义上说，神龙摆尾战法有点像买大买小，你尾盘买进去，如果明天是涨的话，那你就赢了；跌的话，那你就亏了。那我们依据什么特征判断它有可能涨从而买入呢？那就是依照它的"尾巴"，尾巴越漂亮，就越是确定性的买入机会。

而卖出标准就是前期上影线高点附近择机卖出止盈，3%止损卖出。就是说如果第二天接下来出现一个往下回落，3个点亏损的话，是可以承受的。神龙摆尾战法这个关键点位买卖法其实是一个非常好的短线交易的方法。

2.3 案例巩固精讲

方大炭素

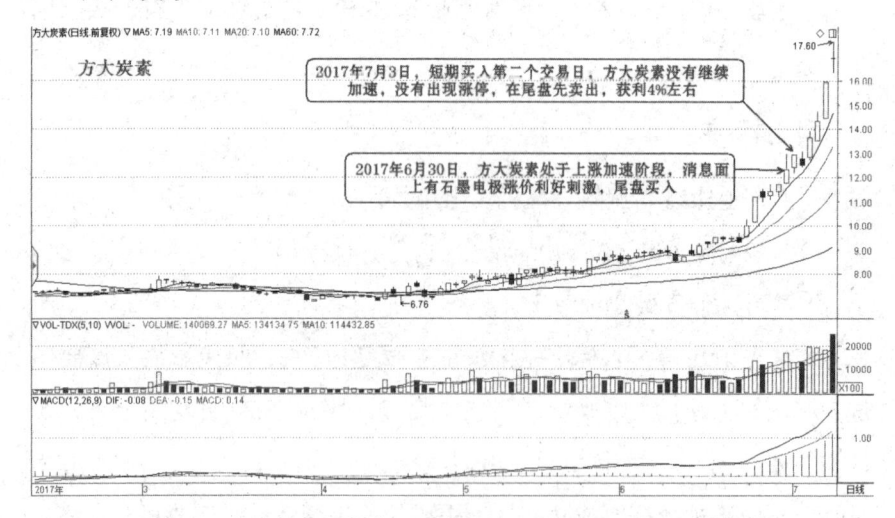

图案回顾点睛：方大炭素运用神龙摆尾战法的K线图操作解析

这又是一个经典案例，你看它那根涨停线是在前文中我们谈到的鹰击长空战法的重要买入信号，当出现这个信号的时候，尾盘是可以去参与的，我们不妨去看一下当日的分时图：

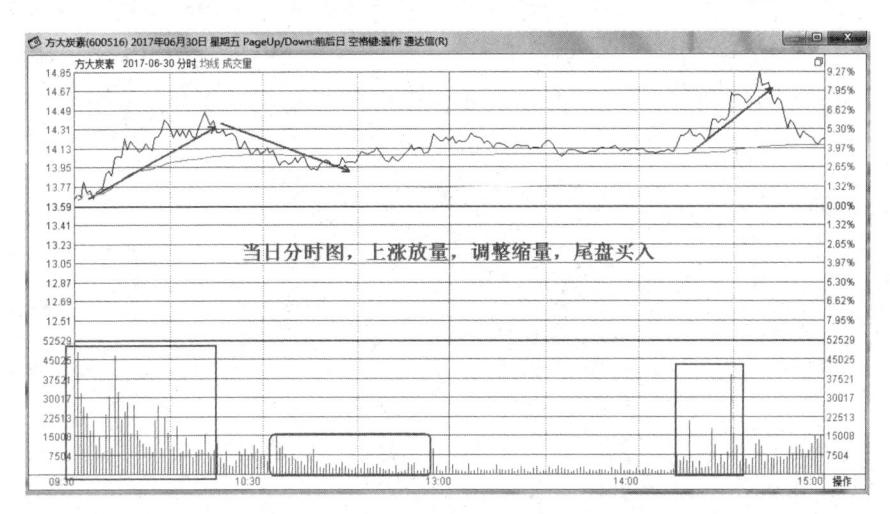

图案回顾点睛：方大炭素运用神龙摆尾战法的分时图操作解析

可以看到这一天是剧烈震荡的，尾盘往上拉，放量的，又砸下来，我记得当时在自己的微博上明确说这是在洗盘，它已经突破了前期高点了，在这个位置上涨的可能性很大，而且符合神龙摆尾战法，所以我们当时很有信心。当时，微博上一些大V觉得在震荡时散户进去可能要套死了，结果呢？事实上不仅没有套死，而且给了大家一个获利机会。神龙摆尾战法的精髓就在于看清盘面，尤其在上涨途中会给大家更多的机会。而且当日的分时图上涨是不是都放量的，为什么我们希望放量？放量就说明有主动性买盘，说明有资金主动性流入，即便是它自己做出来的，也证明它自己在参与。你看跌的时候就会出现缩量，说明庄家在洗盘，如果跌是放量的我们就要警惕了。跌的时候缩量，就算要出货出货量也是很有限。隔天你会发现情况如下图所示：

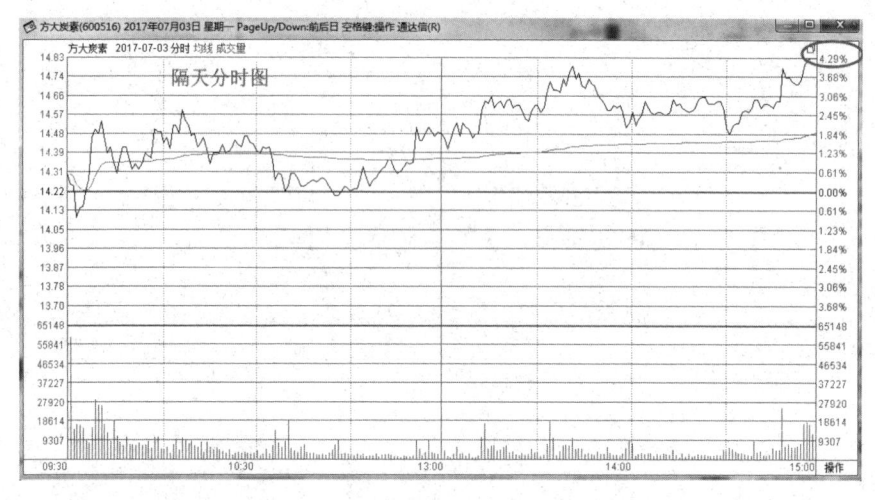

图案回顾点睛：方大炭素运用神龙摆尾战法的分时图操作解析

【学习温馨小总结】

上图所显示的方大炭素隔天（7月3日）分时图，是给你全身而退的机会的，前一日尾盘进去了，第二天事实上不仅能全身而退，而且涨幅还不小。应用神龙摆尾战法，再结合其他战法，你会把握得更精准。当然神龙摆尾战法着重强调的是，从一根短线去看盘中的关键点，这是需要大家去理解和掌握的。

天齐锂业

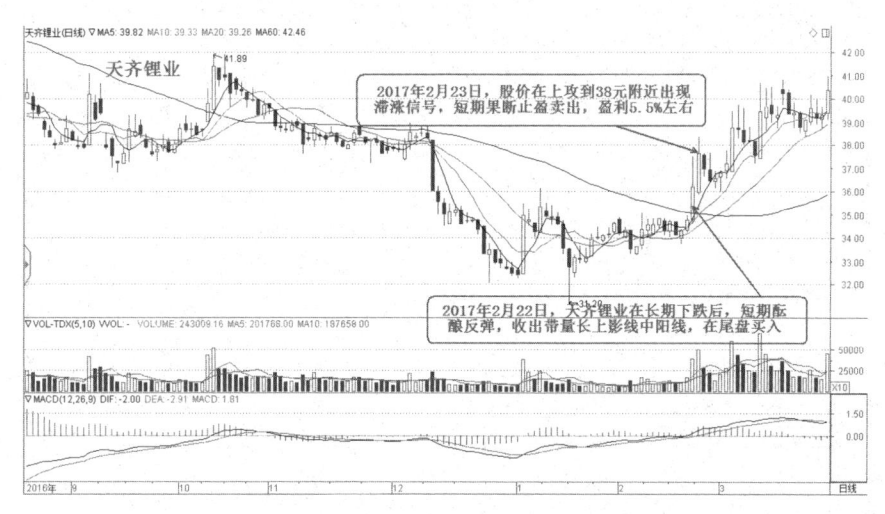

图案回顾点睛：天齐锂业运用神龙摆尾战法的K线图操作解析

从上图可以看得很清楚，天齐锂业长期下跌后短期酝酿反弹，运用神龙摆尾战法尾盘买入，第二天短期止盈，盈利5.5%左右。当时的分时图，我们也可以看一下：

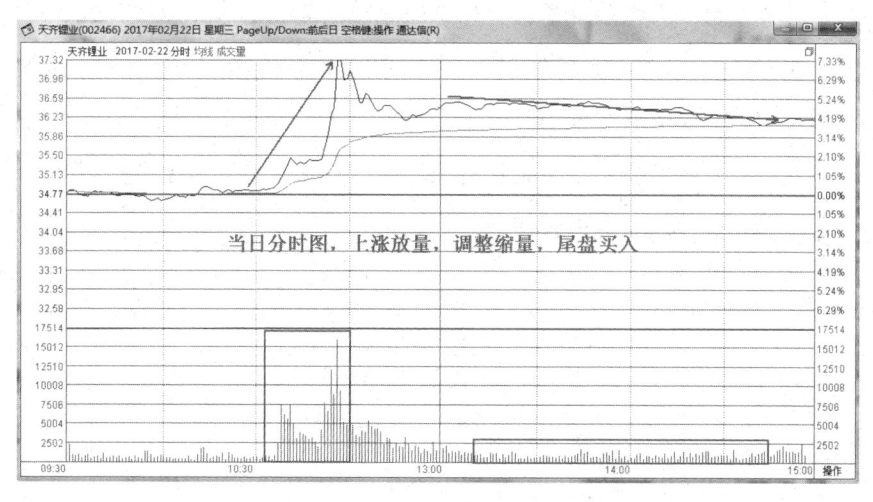

图案回顾点睛：天齐锂业运用神龙摆尾战法的分时图操作解析

当时的分时图上涨是放量的，调整是缩量的，那尾盘就可以买入。隔天的分时图如下：

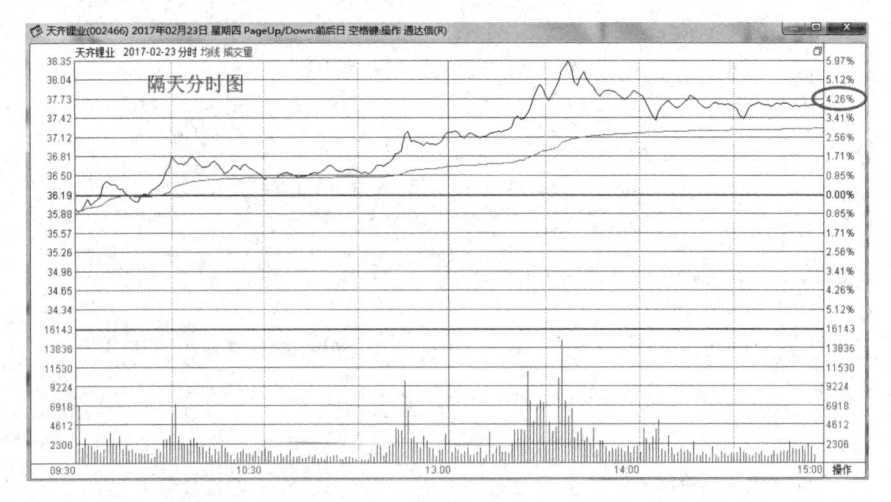

图案回顾点睛：天齐锂业运用神龙摆尾战法的分时图操作解析

【学习温馨小总结】

天齐锂业前一天就给了大家一个不错的机会，最高上涨了6%。可以告诉大家对于那些热点个股，神龙摆尾战法运用起来可以说是如鱼得水。因为这些个股本身是热点，说明资金参与度是非常活跃的，一旦参与进去的话，输的概率很小。这个盘面你感觉很漂亮，你就可以适当去跟一下。其实神龙摆尾战法，它的精髓就是当大家看到有机会的时候，可以大胆尝试，像啄木鸟一样啄一下，是没有问题的。

中船防务

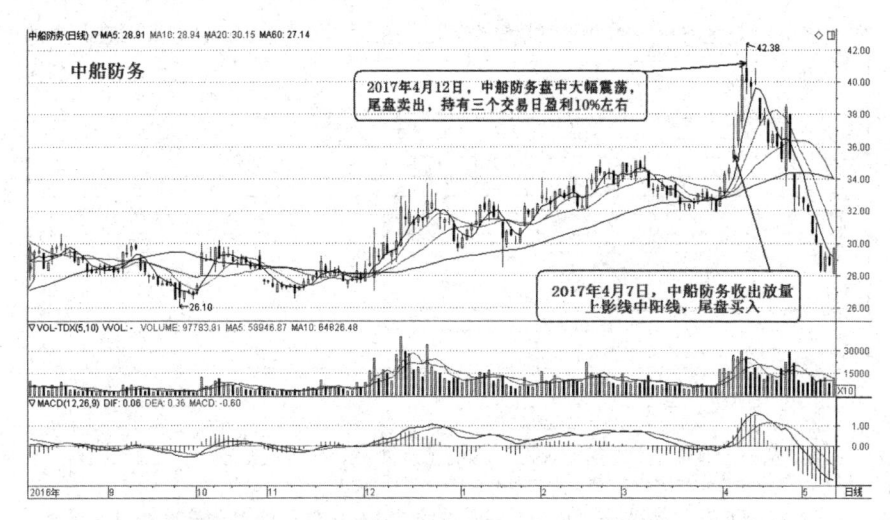

图案回顾点睛：中船防务运用神龙摆尾战法的K线图操作解析

接着来看中船防务2017年4月7日的分时图：

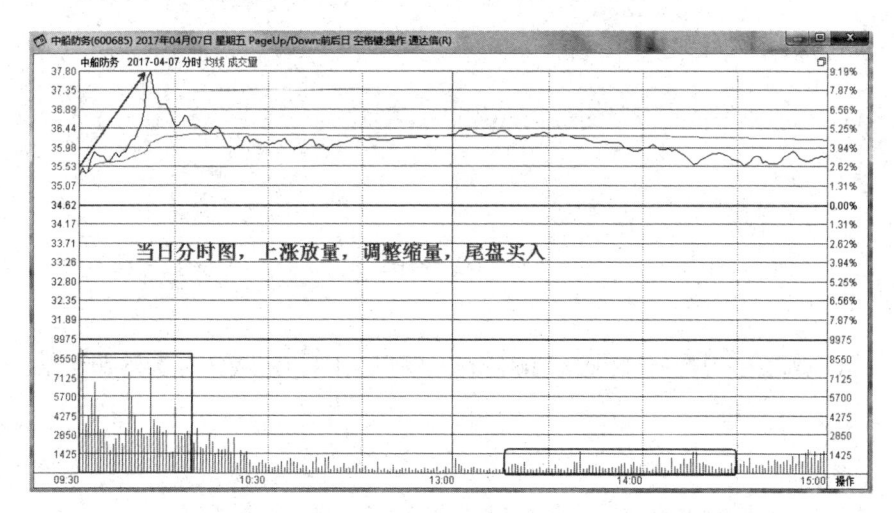

图案回顾点睛：中船防务运用神龙摆尾战法2017年4月7日的分时图操作解析

上涨放量，调整缩量，可以尾盘买入。以下是隔天的分时图：

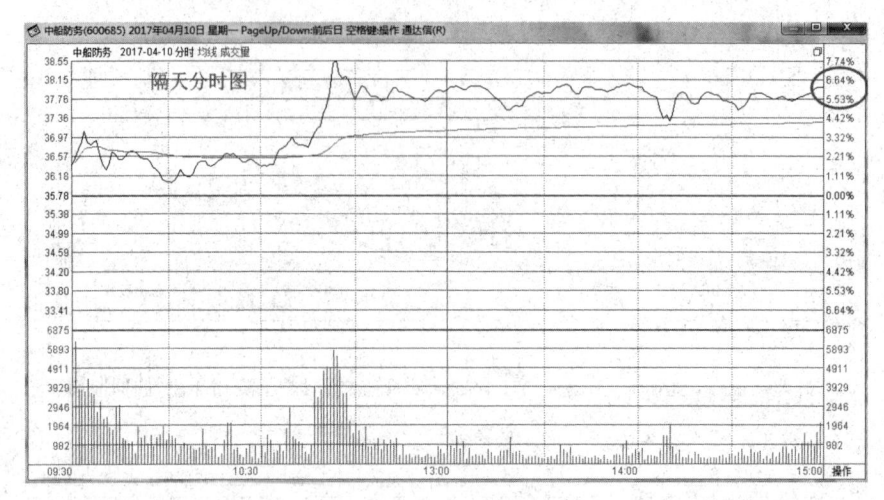

图案回顾点睛：中船防务运用神龙摆尾战法 2017 年 4 月 10 日的分时图操作解析

生意宝

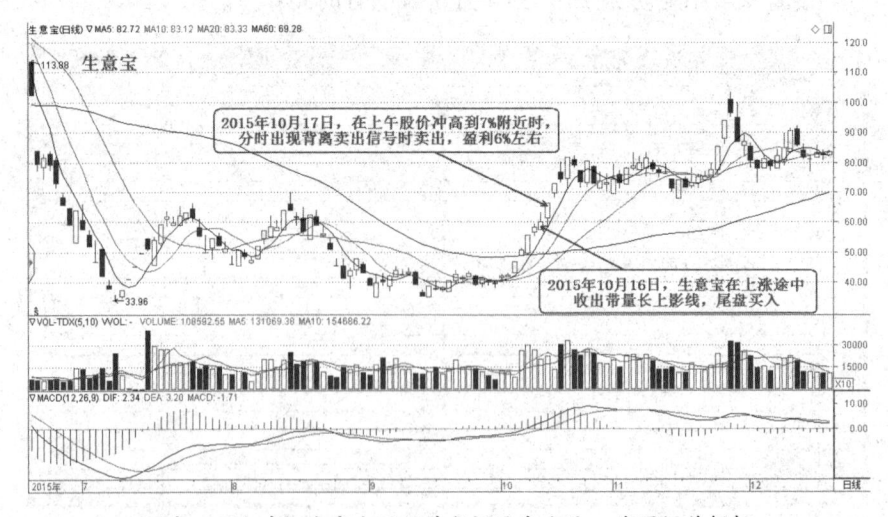

图案回顾点睛：生意宝运用神龙摆尾战法的 K 线图操作解析

【学习温馨小总结】

以上各股上涨途中给我们一个机会，"神龙摆尾"买入，第二天就有了出货的机会。虽然说这后面的走势我们都无法准确地预测，但是你运用神龙摆尾战法，短期机会可以去把握的，哪怕今天进去明天出来也无所谓，把握好短期操作，后面的利润跟你没关系。你可以看到当时的分时图：

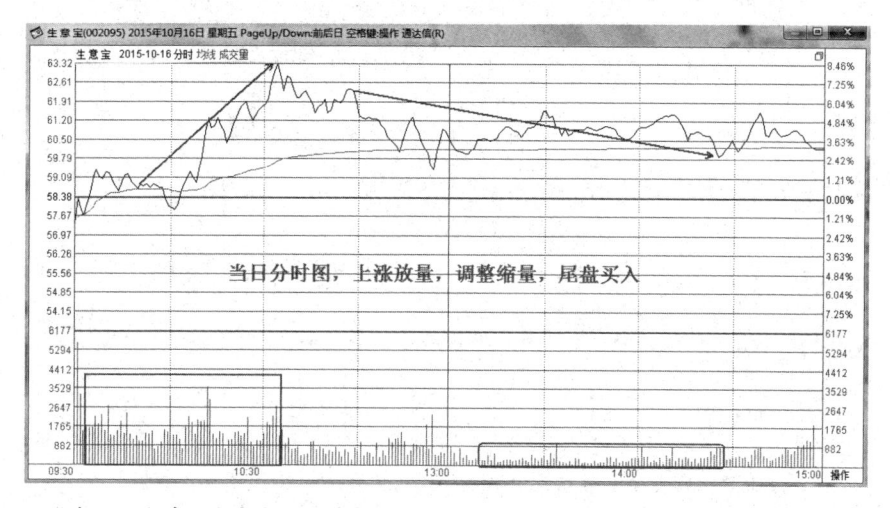

图案回顾点睛：生意宝运用神龙摆尾战法2015年10月16日的分时图操作解析

上涨放量，调整缩量，确定是缩量调整的，尾盘才可以买入。隔天分时图如下：

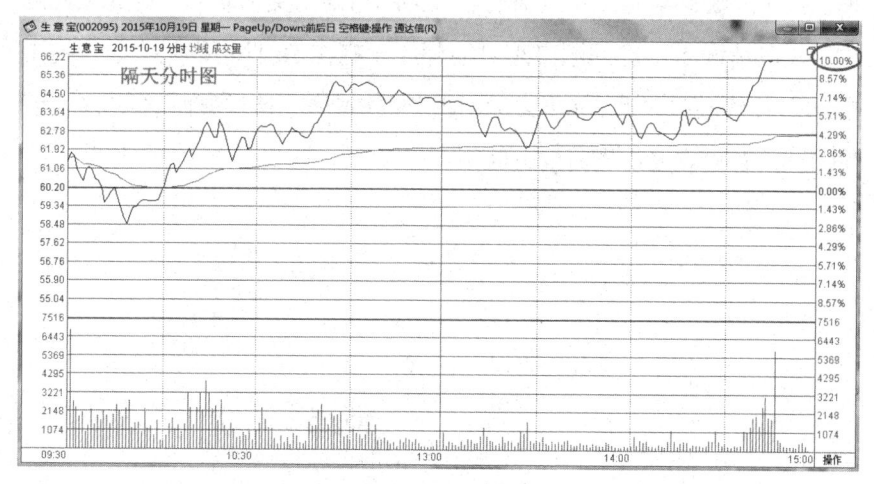

图案回顾点睛：生意宝运用神龙摆尾战法2015年10月19日的分时图操作解析

可见2015年10月19日，生意宝尾盘封住涨停了，盘中分时背离也上涨了7%，投资者完全可以全身而退。

冠农股份

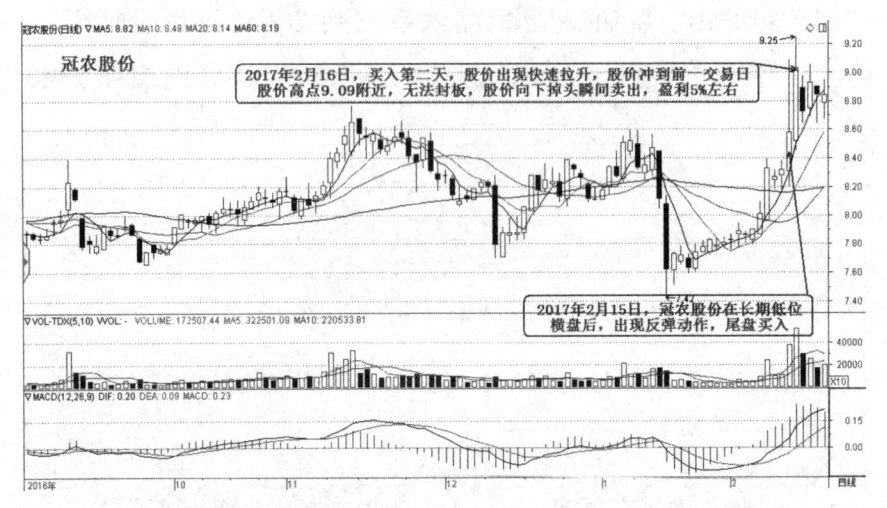

图案回顾点睛：冠农股份运用神龙摆尾战法的 K 线图操作解析

【学习温馨小总结】

前文我们举了很多案例，都是进入一个上涨中间阶段的时候，应用神龙摆尾战法参与是非常合适的。底部刚出来的交易不算是神龙摆尾战法。一般情况下，底部刚出来可能都还没有在 20 日均线之上，一定要在 20 日均线转强之后，你再去运用神龙摆尾战法，这样赢面就会非常大。我们继续看冠农股份当时的分时图：

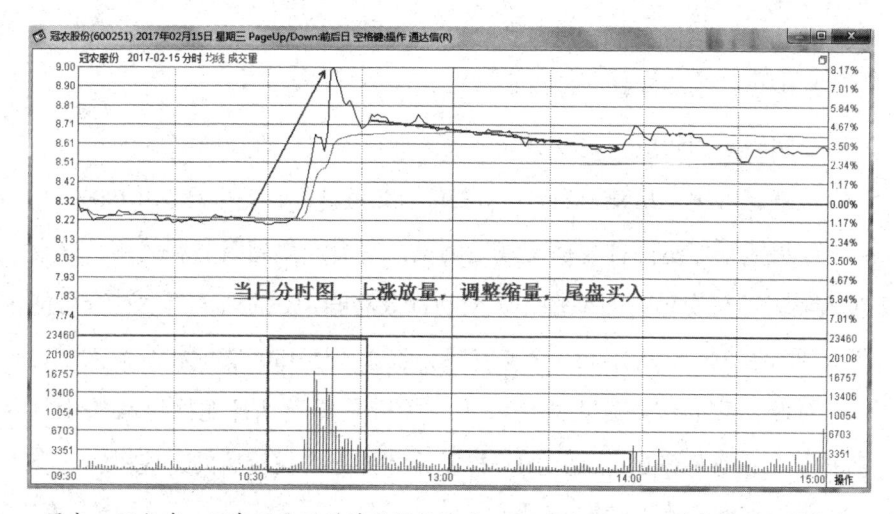

图案回顾点睛：冠农股份运用神龙摆尾战法 2017 年 2 月 15 日的分时图操作解析

上涨放量是非常好的事情，此时是调整缩量，可以尾盘买入。再看第二天的分时图：

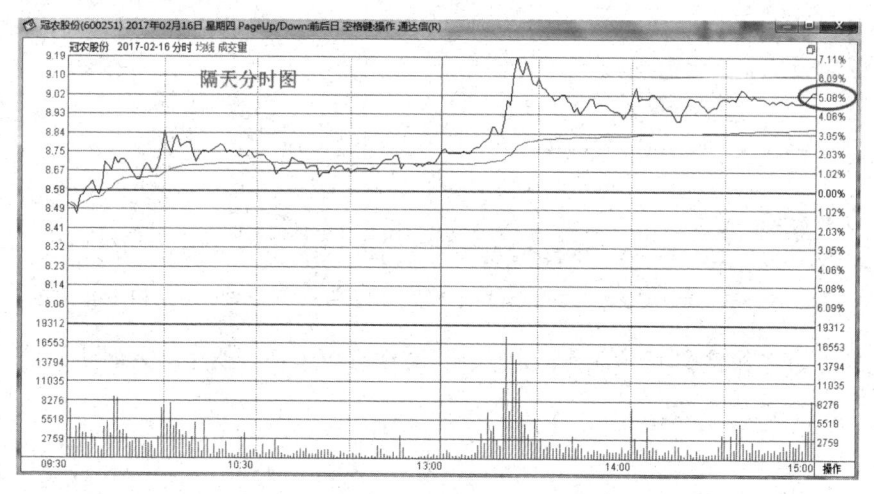

图案回顾点睛：冠农股份运用神龙摆尾战法 2017 年 2 月 16 日的分时图操作解析

虽然上图显示为低开震荡，但依然给了我们全身而退的机会，因为第二天还是上涨放量、回调缩量的。当出现这种情况时候，要学会机动地去应变，比如说继续短期持有，等到它整个趋势有转变的时候，再考虑卖出也是没有问题的。

帮大家总结一下神龙摆尾战法三大要点：

○超级复利效应，尾盘买入，隔天即可卖出，资金使用高效；

○就算每次交易赚1%；一年250个交易日，收益率高达1200%。

如果能很好运用神龙摆尾战法的话，它会产生超级复利效用，尾盘买入隔天即可卖出，如果每一次交易都成功赚1%的话（当然这个可能性是不存在的），一年250个交易日，收益率达1200%就相当惊人了。

对此，我们应好好去思考一下，关键是要学到神龙摆尾战法中的"神"。只有你学到此战法的"神"，才能把握住背后的一些机会。

我们再看看方大碳素的图形：

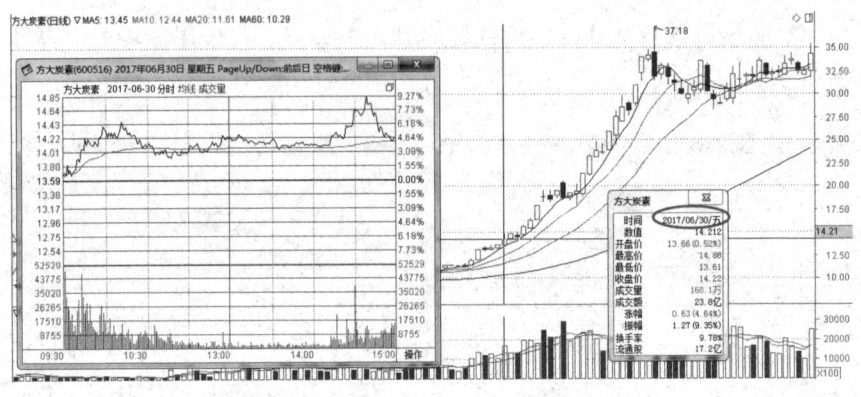

图案回顾点睛：方大炭素运用神龙摆尾战法2017年6月30日的分时图与K线图

方大炭素2017年6月30日，当时就有一个神龙摆尾买入时机，第二天它继续上攻。

宝泰隆

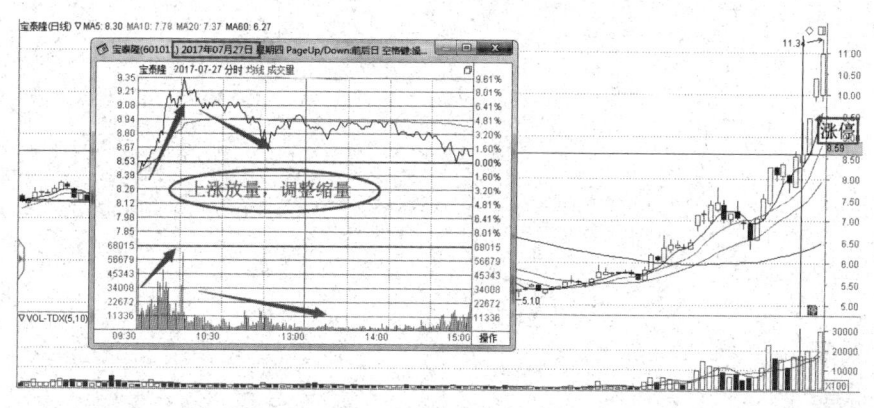

图案回顾点睛：宝泰隆运用神龙摆尾战法 2017 年 7 月 27 日的分时图与 K 线图

2017 年 7 月 27 日宝泰隆盘中是上涨放量，调整缩量的，运用神龙摆尾战法尾盘买入，7 月 28 日直接封死涨停。这个战法在实践中是屡见成效的。

[课后思考和作业]

1. 结合上述的案例，通过综合分析，把以上提及的要点融会贯通，并用于实践。

2. 以理念分析为主、技术面分析为辅，尝试从多角度去挖掘有神龙摆尾潜质的牛股。

（正在书前认真答题的您，可以把作业发送至邮箱并注明书名和章节，让我们一起探讨吧！邮箱地址：wgp168@vip.163.com）

第三章 破釜沉舟买入战法

学前须知：

1. 大家好，学最好的课程，做最牛的散户，今天这堂课介绍八大买卖战法中的第三个战法——破釜沉舟战法。

2. 本课堂的内容在牛散大学堂股威宇宙的等级为中学级别。

3.1 案例前瞻

精功科技

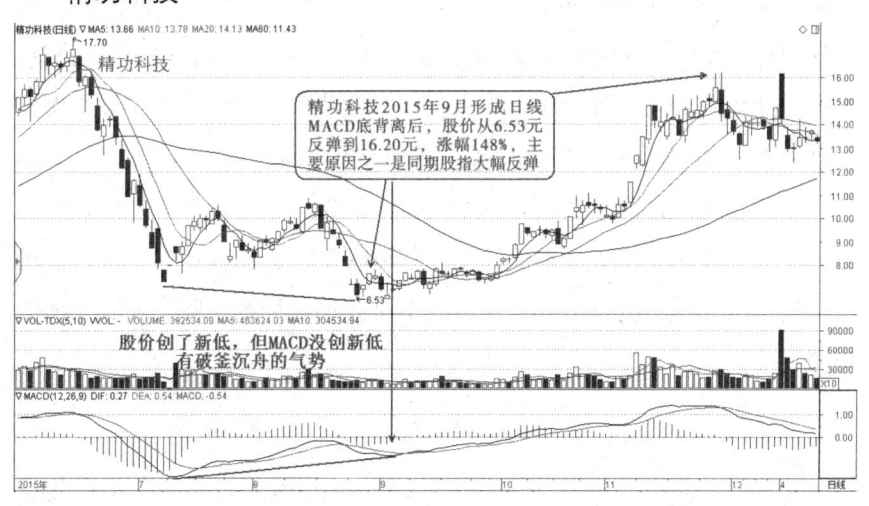

图案回顾点睛：精功科技运用破釜沉舟战法的操作解析

从上图可见，精功科技股价创了新低，而MACD没有创新低，有破釜沉舟的气势，这是一个非常重要的背离信号，大家破釜沉舟，果断买入，之后的走势一路不断上涨。2015年9月份日线MACD背离后，股价从6.53元一直反弹到16.20元，涨幅近150%，远远跑赢了同期大盘的涨幅。

3.2 破釜沉舟战法之买卖核心讲解

买入标准（从超跌个股寻找机会）

○股价创了前一波下跌的新低，MACD却没有创下前面的低点，形成明显的背离；

○MACD白色线上穿黄色线，即买入信号。

卖出标准

○MACD轴死叉卖出；

○股价创新低卖出。

【学习延伸突破小细节】

破釜沉舟战法核心要点就是去超跌个股里面找机会，买入标准就是当股价创了前一波下跌的新低，但是MACD却没有创下新低，形成明显的背离，换句话说：股价低，MACD没有低，就是背离，这点要切记！如前面介绍的精功科技，MACD白色线上穿黄色线即为买入信号，卖出标准就是MACD死叉，高位死叉，股价再创新低，那就要卖出了。换句话说，买入的标准其实就是两个，也就是说当股价新低、MACD背离时可以买进去，如果接下来不跌了、继续涨了，那你就持有，可以去做一个波段、去破釜沉舟。如果它继续下杀，那我们就要坚持及时止损的原则。

3.3 案例巩固精讲

大族激光

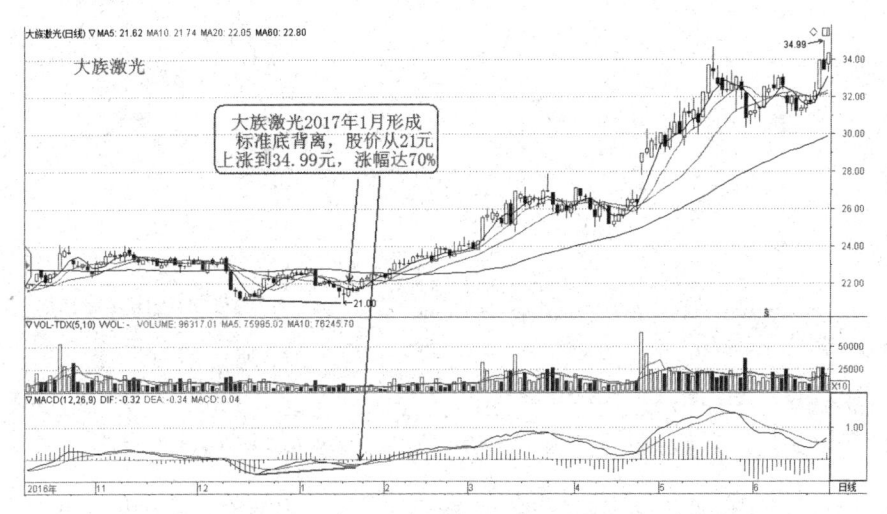

图案回顾点睛：大族激光运用破釜沉舟战法的操作解析

从上图可见，大族激光 2017 年 1 月份形成一个标准底背离，股价 21 元，创了新低，但 MACD 没有创新低，所以股价就开始反弹。其实大家可以发散思考，不仅是 MACD 背离，成交量其实也是有所背离的：前一个低点下跌是带量的，21 元这个低点下跌是缩量的，我们多去看一些盘面的信号，证明这是一个运用破釜沉舟战法的点，机会大于风险。MACD 是我们关注的一个非常重要的指标，所以我们特别地强调。

棕榈股份

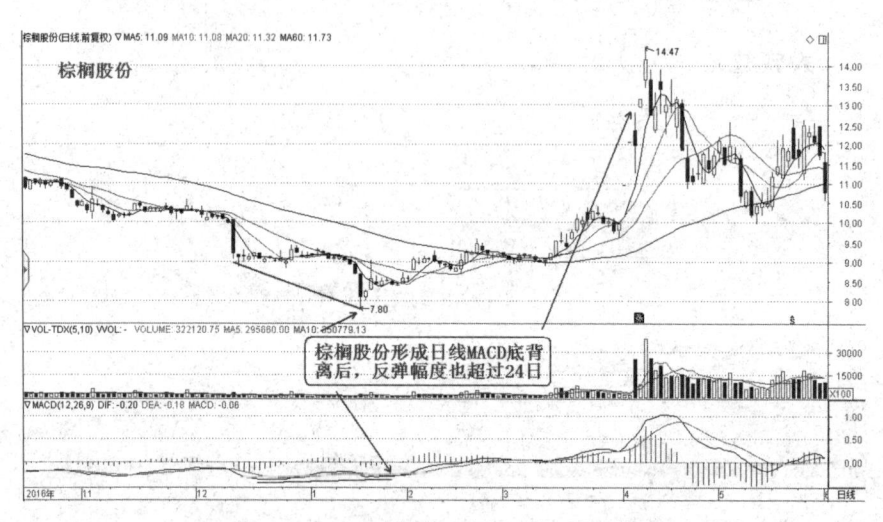

图案回顾点睛：棕榈股份运用破釜沉舟战法的操作解析

从上图可见，棕榈股份日线刷新了低点，但 MACD 没有创出新低，形成 MACD 底背离后，反弹周期也超过了 24 天。底背离一出现时杀跌是不用担心的，阴至极则阳，阳至极则阴。再创新低，阴就至极了，这也是最恐慌的时候，这时出现背离的话，就说明这里资金是有承接的。承接意味着什么？这与我们 2017 年提出的"草船借箭"有些类似，大家来看下图：

图案回顾点睛：2016年的创业板指数

从上图显示的情况分析，的确有点像草船借箭：长阴线击穿低点，MACD没有完全创出新低的，第二天还要反攻，是有机会的，这就像草船借箭，就是通过最后的打压把最后的恐慌筹码"借"过来，然后"火烧赤壁"似的展开一个绝地大反攻。

振德医疗

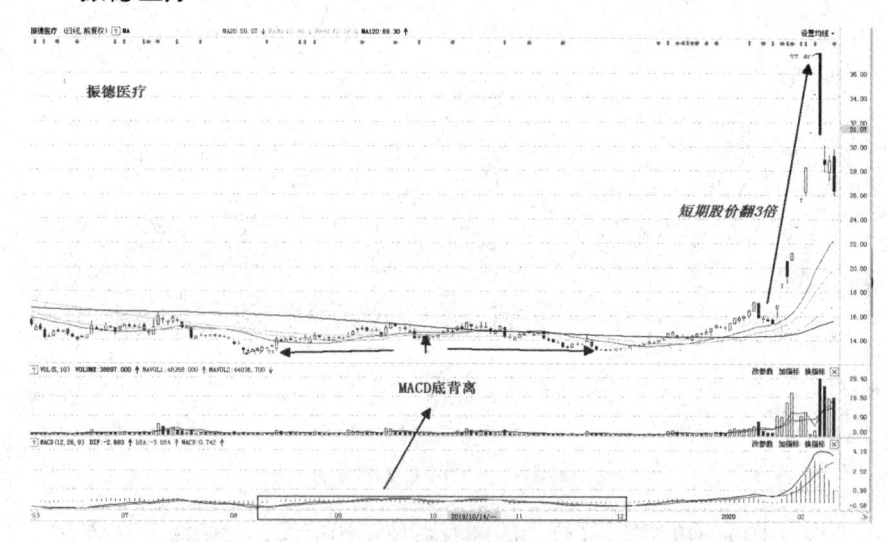

图案回顾点睛：振德医疗运用破釜沉舟战法的操作解析

从上图可以看出：振德医疗股价在盘整震荡当中，形成 MACD 的底背离现象，后续股价出现企稳上涨趋势，之后遇到事件性驱动的影响刺激，股价一触即发，短期内实现翻倍。这属于破釜沉舟战法中比较特殊的情况，即事件性驱动刺激股价暴涨。

民生控股

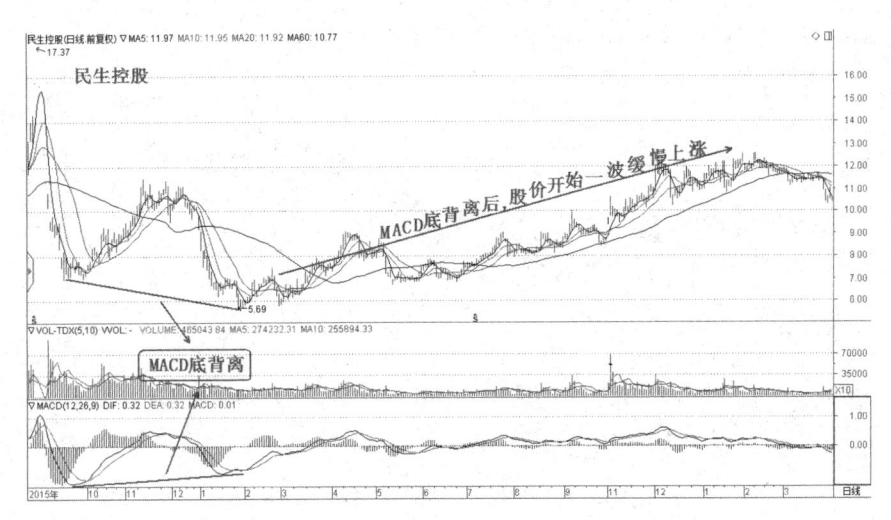

图案回顾点睛：民生控股运用破釜沉舟战法的操作解析

从上图可以看出民生控股大波段的杀跌，创出新低，出现了MACD底背离，量能也是萎缩的，两个背离信号同时出现时，股价就会缓慢持续上涨。底背离出现之后，就可以应用破釜沉舟战法，之后会迎来一波上涨（当然涨势有急有缓），涨得急往往是结合热点题材，而涨得缓则可能是由于整个市场还是需要有一个动荡消化的过程。MACD底背离，是破釜沉舟战法一个非常有效的研判标准。

海虹控股

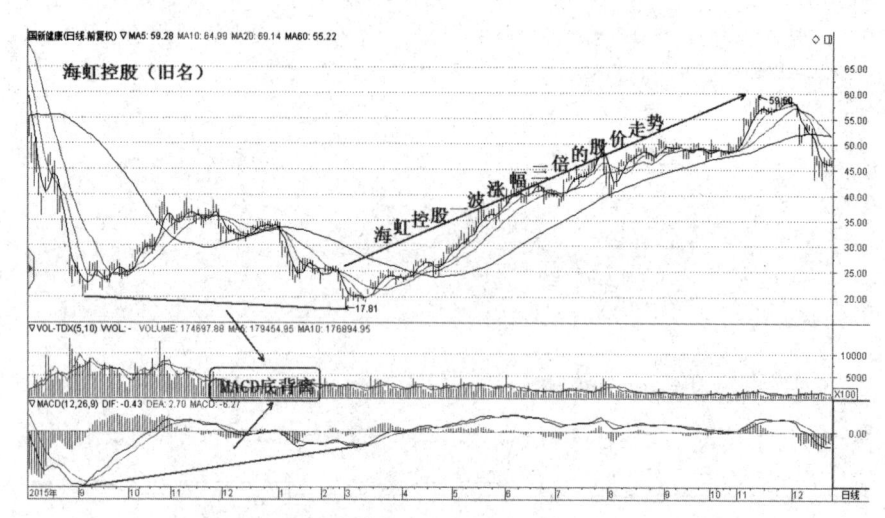

图案回顾点睛：海虹控股运用破釜沉舟战法的操作解析

从上图可以看到，海虹控股后面的一波杀跌刚好击穿了前期低点，出现 MACD 底背离，之后就开启了一波涨幅达 3 倍的上涨趋势，波澜壮阔！

中兵红箭

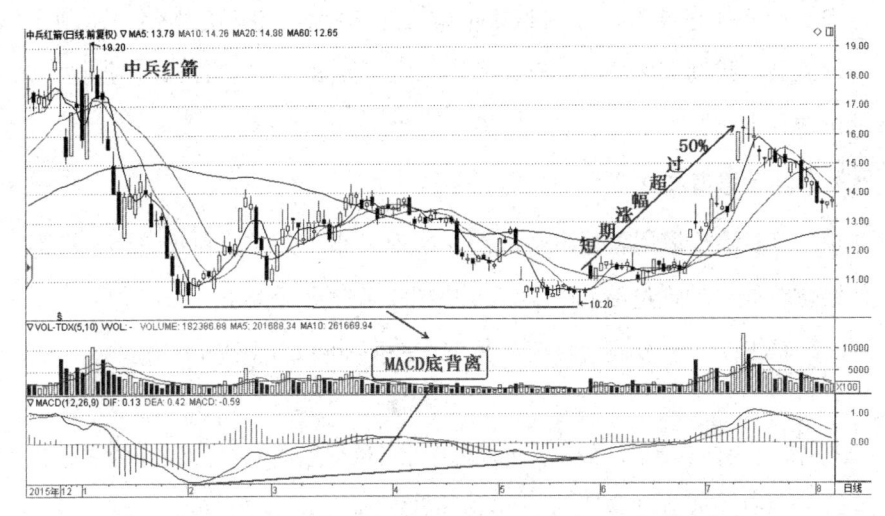

图案回顾点睛：中兵红箭运用破釜沉舟战法的操作解析

上图显示：中兵红箭在 MACD 底背离之后，横盘整理了一段时间，短期涨幅超过 50%，之后就上涨得更加迅猛了。

【学习重点提炼加深印象】

破釜沉舟战法中重点强调：大家对超跌的个股留意背离的因素，当出现背离信号的时候，股价创新低了，就跌到尽头了，尤其 MACD 这个技术指标出现背离的话，这个时候反倒可以考虑逢低布局了，机会往往就出现在大家都抛售的时候。当个股跌了又跌，处于超跌状态且 MACD 底背，就是拣金子的时候。

【学习温馨小总结】

破釜沉舟战法亮点：

○成功概率非常高；

○波段操作收益超过 50%。

我们认为破釜沉舟战法成功的概率非常高，抓住波段性机会操作，收益往往能够超过 50%，不过像这样的机会不会经常出现，因为市场总是起起落落的，跌多了才会有机会。假设三个月出现一次的话，每次收益50%，一年做4次，你的收益率就可达500%，也就是5倍。遇到类似的机会，我们应该像鹰一样，鹰击长空；像狼一样，看准了"猎物"，就迅速扑上去。

［课后思考和作业］

1. 很多游资运用破釜沉舟战法，实现了非常大的盈利效应，大家不妨结合本战法的理论精髓，尝试寻找超跌个股进行操作。

2. 战法仅供学习辅助，在交易中更要多维度地思考与分析。

（正在书前认真答题的您，可以把作业发送至邮箱并注明书名和章节，让我们一起探讨吧！邮箱地址：wgp168@vip.163.com）

第四章 欲擒故纵买入战法

学前须知：

这一堂课要学习八大买卖战法中的买入战法——欲擒故纵战法。欲擒故纵就是明明我想要抓住你，却故意先放你一马，最终目的还是要把你抓住。

本课堂的内容在牛散大学堂股威宇宙的等级为大学级别。

4.1 案例前瞻

汉钟精机

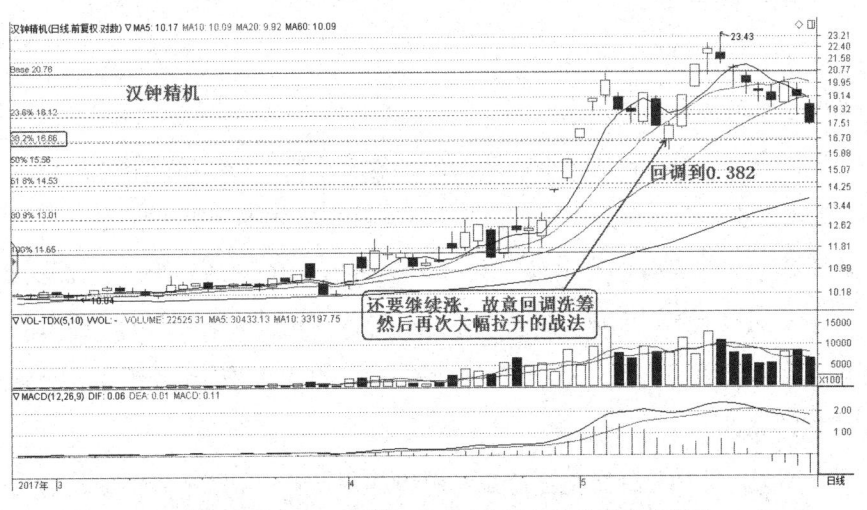

图案回顾点睛：汉钟精机运用欲擒故纵战法的操作解析

从上图可见，图中其实已经画出了一些相关的线，如汉钟精机，第一波大涨之后，然后回调，这就是欲擒故纵，先放你一马，其实背后的目的还是要往上走。这个战法说白了就是在上涨中继把握机会的一个战法。回调之后再继续大幅拉升。

【学习重点提炼加深印象】

欲擒故纵战法要点总结：选股标准为 5 天内至少 3 个涨停板。

〇涨幅至少 30%；

〇每个涨停板要有充分的换手率；

〇第一波涨幅超过 100% 的不选。

4.2 欲擒故纵战法之买卖核心讲解

买入标准

〇黄金分割线回调到 0.382~0.5，买入信号；

〇黄金分割线用半对数划主升浪。

卖出标准

〇跌破 10 日线卖出。

【学习温馨小提示】

欲擒故纵战法选股标准往往是在一个强势股，尤其是短期强势个股，5 天内至少要有 3 个涨停板或是 3 天连续涨停，短期涨幅 30% 左右，每个涨停板要有充分的换手率，第一波涨幅超过 100% 的不选，也就是说一下子无量涨停或者放量的话，不选。为什么超过一倍不选呢？因为前期已经涨得太厉害了，这个时候你再去买入的话，可能反倒买在一个波段性的高点！

那买入标准是什么呢？这就要用到黄金分割线了（不懂黄金分割线的，可以先去了解一下）。一般而言，黄金分割线回调到 0.382 或 0.5

位置就是买入信号，正常来说 0.382 就足够了，极少能调到 0.5。黄金分割线用半对数画主升浪（不懂半对数的，也要先去了解一下），卖出标准很简单，跌破 10 日线就要卖出，就应考虑及时止损离场。

4.3 案例巩固精讲

恒泰艾普

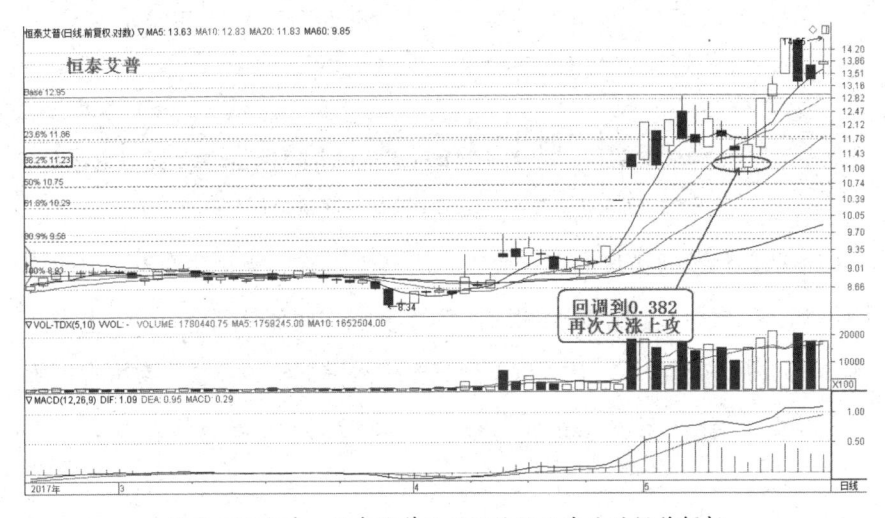

图案回顾点睛：恒泰艾普运用欲擒故纵战法的操作解析

上图显示恒泰艾普也是如此，在接近三个涨停之后进入震荡，震荡的过程当中保持强势，回调到 0.382 附近，再次上攻。也就是说在一只个股涨到一定阶段的时候，它会有一个消化的过程，是符合黄金分割线的，回调幅度不是特别大，此时你就可以考虑逢低布局了，它再拉升就是一个交易机会。

星期六

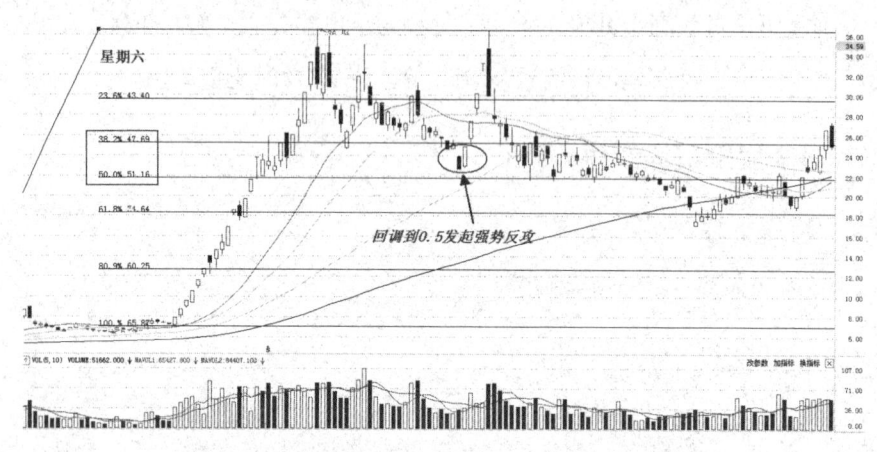

图案回顾点睛：星期六运用欲擒故纵战法的操作解析

星期六是当时市场的"妖股"，从高位调整下来非常平稳，回调达到 0.382~0.5，反攻形态就出现了，基本利润在底部上到仓位，一上去已是 30% 保底的利润了，从人气配合到欲擒故纵战法，收益非常可观！所以这里有欲擒故纵战法的指标作辅导，获利真的非常容易！

湖南天雁

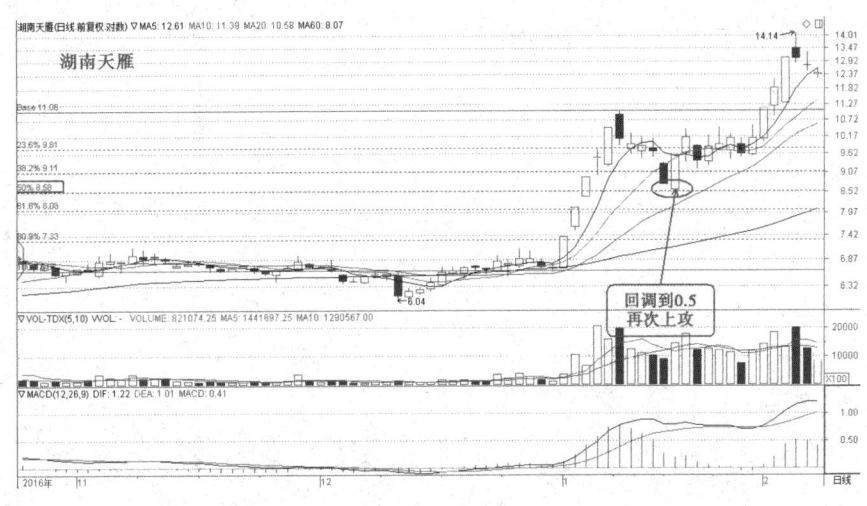

图案回顾点睛：湖南天雁运用欲擒故纵战法的操作解析

上图显示该股连续涨停，每个都是有换手的，因为是持续上攻，换手之后当它回调到 0.5 这个位置，其实算是接近 0.5，这个高点回调到低点其实也还是 0.382，幅度也不算特别大，此时，就出现新一轮的上攻。那么什么时候是买入点呢？上图显示，湖南天雁画圈的这两个 K 线组合是阳包阴的组合。建议大家在细微抓机会的过程中，要注意阳包阴，这也是我在基本课程里面讲的 K 线组合，不要说那么复杂，就是说一只个股强势回调下来之后，它总是会见到低点的，低点之后什么时候买入呢？你不知道什么时候低点就是足够低，0.382 或者 0.5，就是一个参考指标。还有一个方法就是当你发现 K 线出现阳包阴的时候，也是一个跟进的买入点。湖南天雁这里阳包阴说明什么？说明它的短期趋势开始转变了，那转变了之后你就可以跟随一把，只要它保持强势，那你就等它再上攻，如湖南天雁就是之后又保持强势再上攻。所以在这里强调大家要注意阳包阴，这是一个很重要的辅助买入信号。

长城动漫

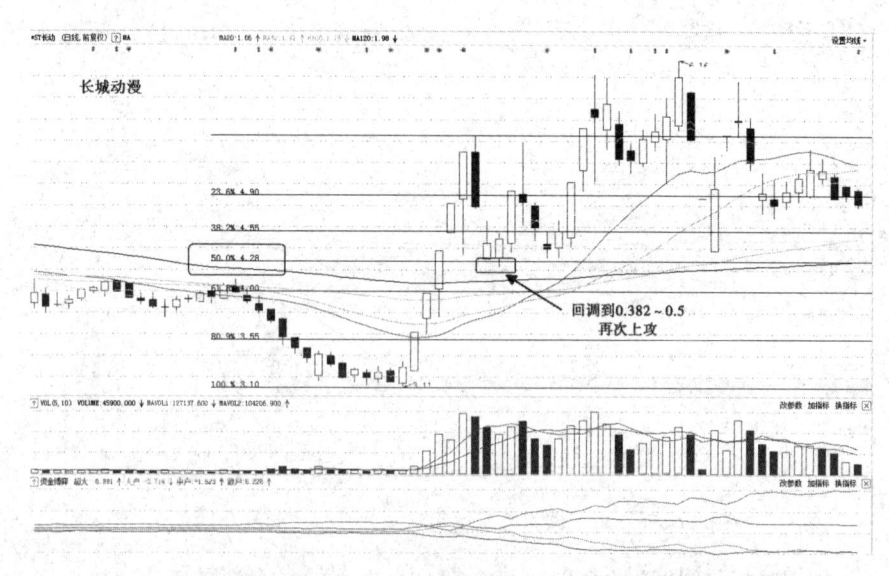

图案回顾点睛：长城动漫运用欲擒故纵战法的操作解析

上图显示，当第一波攻击的时候，由于受当时候市场高度因素影响，导致个股高度处于5板顶值，个股随后进入调整阶段，快速的调整进入0.38~0.5，符合本战法的介入要求，回调反攻态势，看到这个情况必须记得回战法里提及过的要点，运用欲擒故纵战法准确率非常高！

西仪股份

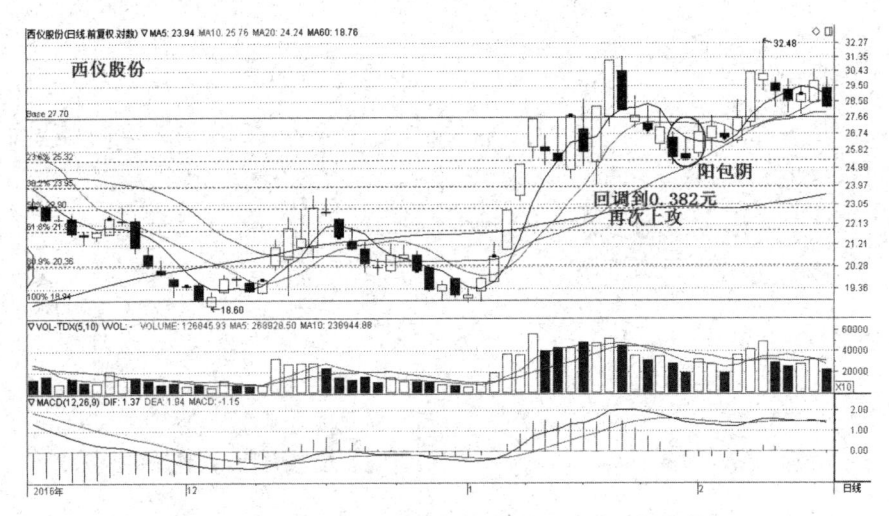

图案回顾点睛：西仪股份运用欲擒故纵战法的操作解析

上图显示，西仪股份上攻一波，然后进入震荡，横盘调整回调至0.382，开启二连板，注意看后面的回调，连续调整6天，你不知道哪一天会调整到位，你看圆圈处，中间这根阴线的上引线，就能感觉到差不多了，因为没有跌穿前一天低点，但是这根阳线出来之后就可以确定了，就是前文所说的阳包阴。结合阳包阴的形势判断，准确率会更高！

金力永磁

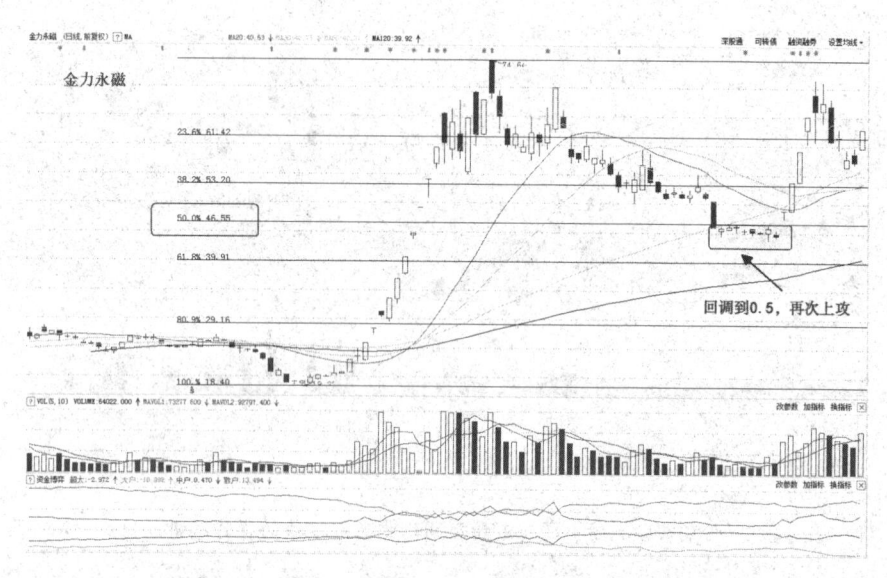

图案回顾点睛：金力永磁运用欲擒故纵战法的操作解析

由上图可见，"妖股"和人气高的股，每次见顶后大概率会有反抽板出现，同时配合欲擒故纵战法的辅助，当金力永磁回调到0.5区间附近，股性被一触即发一波4连板的反抽板，再次激活它原有的野性，更带动了当时"小弟"银河磁体，由此可以看出欲擒故纵战法的实践效果是非常好的。

北化股份

图案回顾点睛：北化股份运用欲擒故纵战法的操作解析

由上图可见，当北仪股份调整时，连续五根阴线，如果你盲目的去买，都是套，被套你就会止损，这个时候一定是不能去参与的。什么时候可以参与呢？可以在阳包阴出现了，同时也回调到0.5附近了时去参与。所谓0.5不是说最低点到最高点的0.5，而是主升浪这波涨幅的0.5，如果黄金分割线大家会去划分，高点到低点一画你就知道了，是回调到中间位置还是回调到0.382位置，这个都是可以去看的，如果是回调到0.382就是更强，如果是0.5就稍微弱一点，你会发现北化股份就是回调到0.5位置的，所以当发现阳包阴出来之后，该股后面还要震荡一下，然后再上攻，因为它回调幅度也比较大。所以，阳包阴不管怎么样，在欲擒故纵战法里面是一个辅助的、重要的买入信号，请记住！

秀强股份

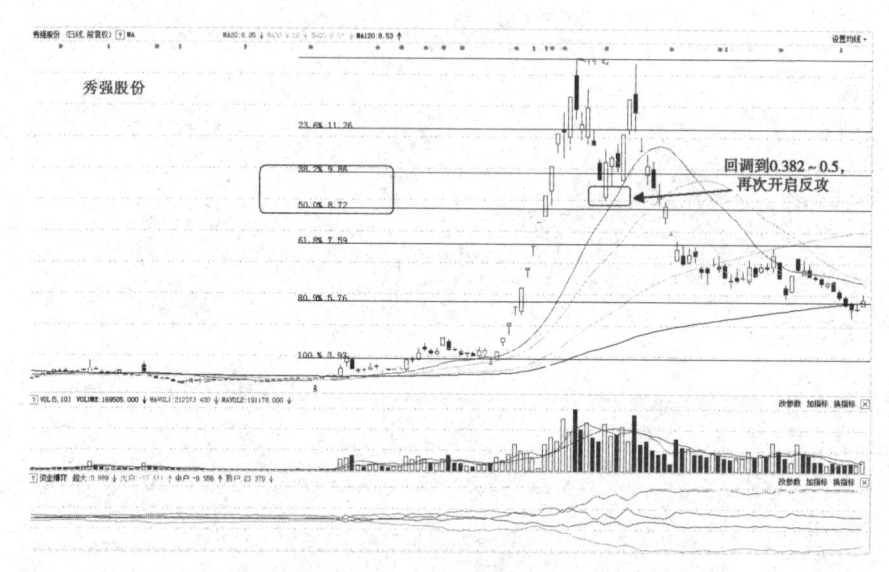

图案回顾点睛：秀强股份运用欲擒故纵战法的操作解析

秀强股份当时伴随 2020 年春节回归的行情，创出 10 连板的先锋股，属于高度空间，强势股回调下来之后，它总是会见到低点的，可能是 0.38 或者是 0.5，不难发现秀强股份也有 K 线出现阳包阴的时候，也是一个跟进的买入点，短期趋势开始转变，这时就可以跟随一把。果不其然，秀强股份强势再次上攻。所以阳包阴也是一个辅助的买点。

ST 佳电

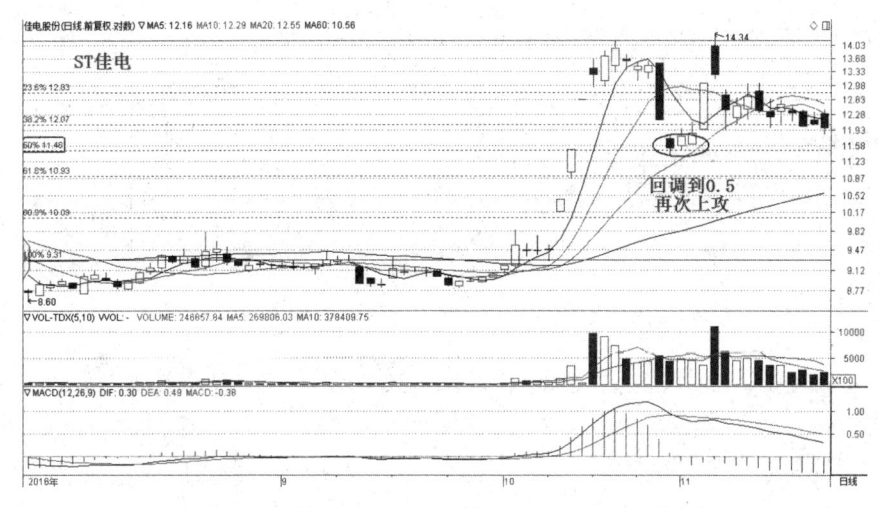

图案回顾点睛：ST 佳电运用欲擒故纵战法的操作解析

由上图可以发现，佳电股份连板上去，然后回调下来，回调到 0.5 附近开始企稳，阳包阴出现信号了，这个阳至少包住了这个小阴，所以它是一个买点，买入之后上攻，至少这次涨停稳了，因为它震荡幅度比较大，所以后面又盘整。后面的情况我们可以不用考虑了，但至少这个买入点是可以把握的。

【学习延伸突破小细节】

欲擒故纵战法细节亮点：

○出现概率比较高；

○每个月出现两次，单次收益率 10% 以上；

○一年收益率达 980%。

欲擒故纵战法出现概率会非常高，因为它是一个上涨中继，而且是个强势个股。如果每个月出现两次，单次收益率 10% 以上，一年收益率就达 980%，也就是 10 倍左右，当然前提是成功率要达到 100%。我们看看下面的具体案例。

宝泰隆

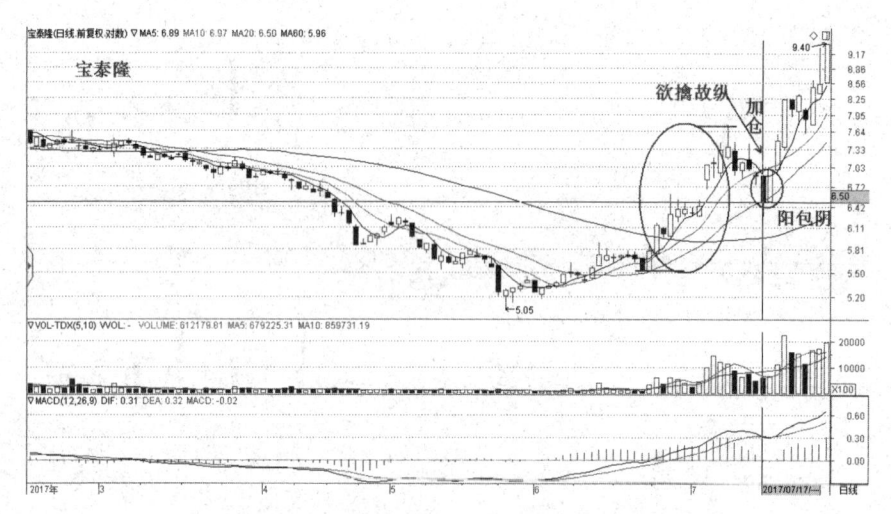

图案回顾点睛：宝泰隆运用欲擒故纵战法的操作解析

宝泰隆也是我们的经典案例，可以看到这里涨了一波，其实这里面可以理解为几个涨停板，从5元至七八元这个位置，涨百分之三四十是有的，那回调后却天天跌，我在博客、微博、"私募国中岛"等等自媒体里面，强调了这个位置是可以去加仓的，我在这里至少加了4次仓，后面果不其然阳包阴出现，这就是确认信号。如果是刚好踏中市场热点的话，获利是十分丰厚的。这根阴线最低点是6.54元，之后一直涨，涨到9.4元，7月28号还是涨停的。大家要知道，从7元涨到9.4元，涨幅超过30%，而且是在市场动荡的情况之下，从下图可见，当时市场是没有涨的，整个上证指数基本上没有涨。

第四章 欲擒故纵买入战法

图案回顾点睛：上证指数配合本战法的解析图

所以掌握强势个股欲擒故纵的战法，有助于投资者在市场动荡的过程当中发现"金矿"，一旦把握住"金矿"，就会获利。希望大家能结合实战，把握好这个欲擒故纵战法。

[课后思考和作业]

1. 欲擒故纵战法的每一个要点是基于市场总结而出的，细读我们提及到的总结、战法细节亮点。

2. 战法源于总结，实战总结经验。

（正在书前认真答题的您，可以把作业发送至邮箱并注明书名和章节，让我们一起探讨吧！邮箱地址：wgp168@vip.163.com）

… 第五章 分道扬镳卖出战法

第五章 分道扬镳卖出战法

学前须知：

　　1.学最好的课程，做最牛的散户，我们一起来学习吧！八大买卖战法，现在进入卖的战法之———分道扬镳卖出法。分道扬镳就是说分手了。怎么分手？看看我们具体的案例分析。

　　2.本课堂的内容在牛散大学堂股威宇宙的等级为大学级别。

5.1 案例前瞻

赣锋锂业

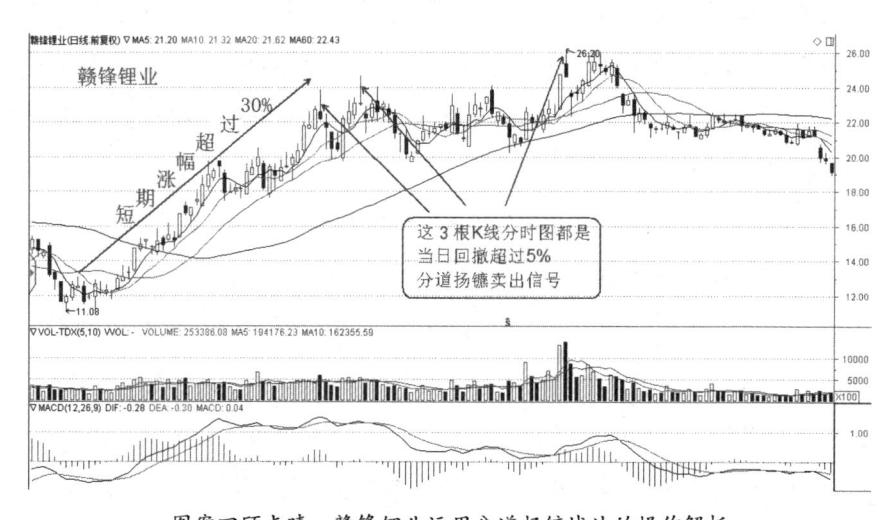

图案回顾点睛：赣锋锂业运用分道扬镳战法的操作解析

一只股票要卖的前提是什么？要么是涨得多，要么就是止损。分道扬镳法，是指在一些阶段性涨幅比较多的情况下，怎么去卖的方法。如赣锋锂业短期涨幅超过 30% 就到了一个卖出临界点，我认为涨幅一定要超 30%。如上图中那 3 根 K 线分时图都是当日回撤超过 5%，这就是卖出信号，我们认为当日动荡要超过 5%，这个 5% 不是指收盘跌 5%，而是盘中最低要回撤 5%，上图中那 3 根 K 线都有 5%，所以是值得警惕的一个信号。

5.2 分道扬镳战法之卖点核心讲解

四大卖点核心要素：

○前提：阶段性涨幅超过 30%；

○股价分时图当日回撤 5%，即卖出信号；

○分时图大幅回撤说明筹码开始松散，里面有资金提前抢跑；

○资金开始分道扬镳。

当然有些时候是在洗盘，做短线的时候，尤其要注重这种信号，就是说单日回撤 5%！因为在正常的情况下，一只股票的股价在博弈的过程当中，它是很少出现急速地跳 5% 的这种走势的！为什么会急速跳 5%？那是因为有资金主动性地不计成本地抛售，比如说我现在有一个亿，我不管了，接到指令，卖卖卖！这个时候不断卖，自然就不断承压，一下子就跌三五个点，特别是跌到 5 个点的时候，就说明有筹码松动了，所以就开始分道扬镳了，不一定出现这个信号就是一定跌，但是至少来说这是一个动荡的开始。如果在相对高位反复出现的话，那基本上概率是非常大的了。为什么？因为有些时候一个机构卖了，还不影响大局。如果有很多机构都卖了，反复这样折腾的话，就会很影响大局，当大部分机构在相对高位出现这种情况、很多散户又当接盘侠的时候，就会横很长时间。有一句话说得很好，底部是"横有多长，竖有多高"，而相对高位又有一句话是"横久必跌",即滞涨带来的杀伤力。透过细微的盘面,还是能够摸到一些蛛丝马迹的。

5.3 案例巩固精讲

荣晟环保

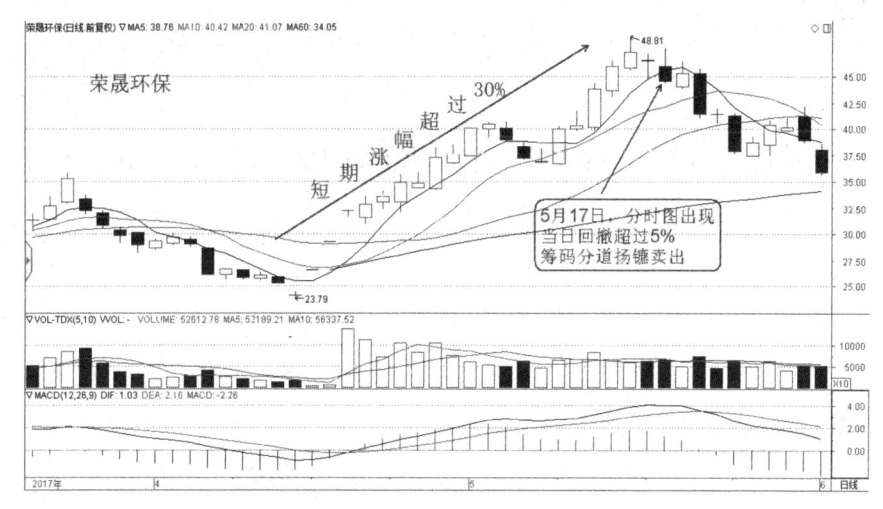

图案回顾点睛:荣晟环保运用分道扬镳战法的操作解析

如上图,2017年5月17日,当时分时图上显示有个超过5%的回撤,之前一直涨,短期涨幅也超过30%,几乎涨了一倍了。涨了一倍的话,这个时候就要分道扬镳了,这个信号(尤其是在涨的过程中)很明显,5月17日这一天出现了5%的回撤,出于谨慎的考虑,就应该在接下来的波动过程中减持了。果然在5月17日这天减持卖出是正确的,后面就跌下来了。

开润股份

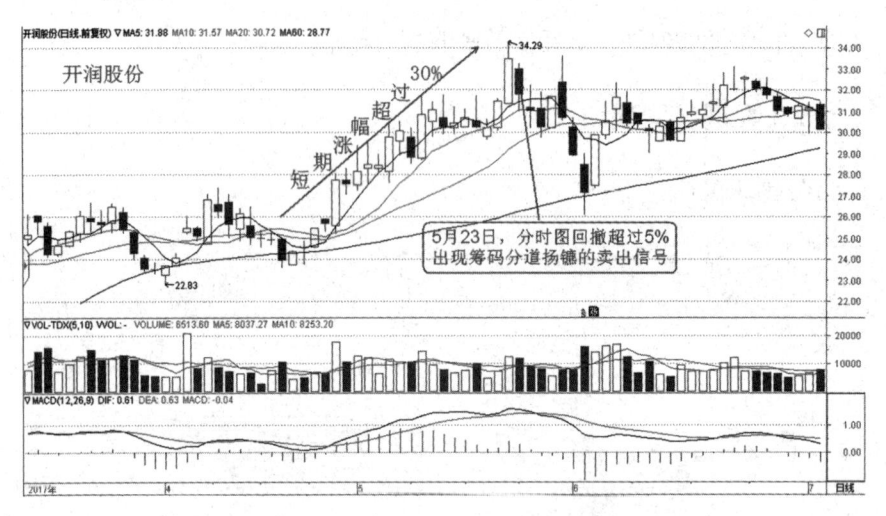

图案回顾点睛：开润股份运用分道扬镳战法的操作解析

开润股份是次新股的一只牛股，阶段性涨幅超过 30%，当涨了 30% 的时候，上图中最后这根阳线是不是很长，有些时候涨得多的时候，再来一个涨停或大阳线，就好像量变促成质变，高潮之后有低谷，果然 5 月 23 日当日跌幅达 5%，分道扬镳的卖出信号出现了，这个时候就要考虑减持了。虽然后面几天"回光返照"，但是不管怎么样筹码已经松动了。当出现这个信号的时候，就要考虑先分道扬镳再说。当然具体情况要结合这只股票的基本面，如果它基本面非常良好，可以考虑部分卖出；但是如果是纯粹做短线，那就要全部卖出。

三聚环保

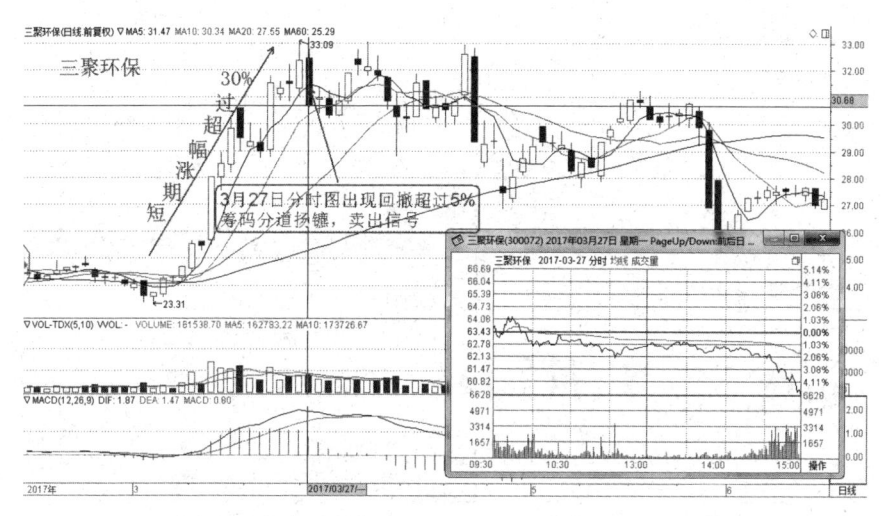

图案回顾点睛：三聚环保运用分道扬镳战法的操作解析

三聚环保也是一只大牛股，短期涨幅30%，你可以看到上图中最后一天也是涨到一个高潮，第二天就开始分道扬镳了，超过5%，也就是我们量化指标的5%，3%都不怕，就怕超过5%。当出现了5%的时候就说明大家可能会出现恐慌情绪，筹码也会松动，这就出现卖出信号了。你看后面反复震荡，其实是在浪费时间，没什么机会，而且还在一波又一波地往下杀。

天齐锂业

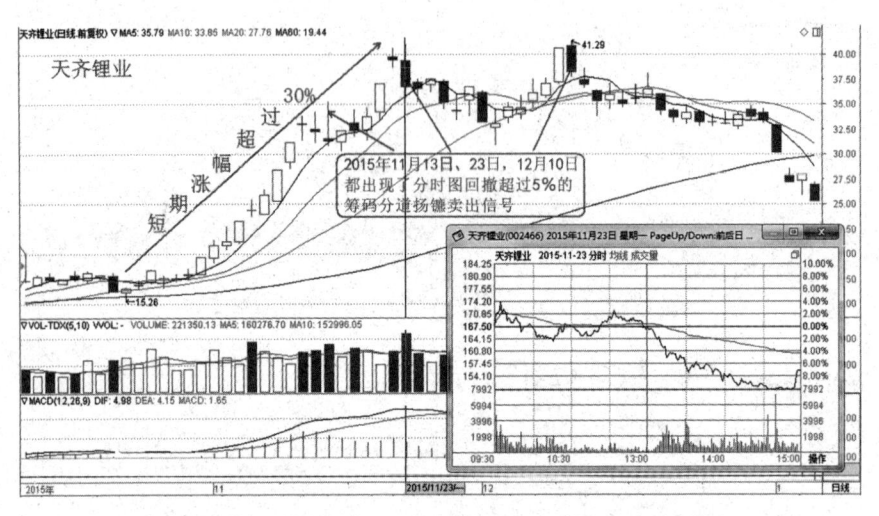

图案回顾点睛：天齐锂业运用分道扬镳战法的操作解析

牛股在涨的过程当中可以顺势而为，但是从细微盘面来看，2015年11月13日这一天就要开始警惕了！这一天就已经开始预示着要分道扬镳了。涨得太多之后，有些人说我先卖了，其他的先不管了，因为获利太丰厚了，卖完之后，市场趋势的力量是很猛的、有惯性，后面继续涨，貌似卖低了，但是有一些机构先撤了，这时肯定会有一些其他机构进来，或者其他散户进来。11月13日后5天继续上涨也没感觉到什么，但11月23日这一天又出现了回撤5%，换句话说又有人撤了，我13日撤了，其他人23日也撤了，也就是说分歧越来越大了。我撤完之后肯定不会在此刻去接盘的，因为我撤时有一个离场的预期在，预期它可能就涨到这里了，所以它哪怕再涨一点，我也不可能会去接盘。这里还是有分歧的，而我是坚定看空的。空方占绝对优势，那接下来会形成合力导致下跌，哪怕12月10日前继续涨了些，但看后面还是往下。为什么？因为这里有太多的分道扬镳的理由了，因为在11月13日跌5%，11月23日也跌5%，12月10日又跌5%，说明分歧越来越大。一只股票在相对高位越出现这种分道扬镳的信号，就越值得你警惕。一两根大阴线没有关系，但是三根、四根、五根，越来越多的时候，应尽快减持你的一些筹码，避免风险。此时卖出就是避免风险。虽然不可能每一次卖都卖在最高点或者最高点区域，但是在你卖出去之后，至少能够规避掉一些阶段性的风险。这就是分道扬镳战法的核心价值！

三江购物

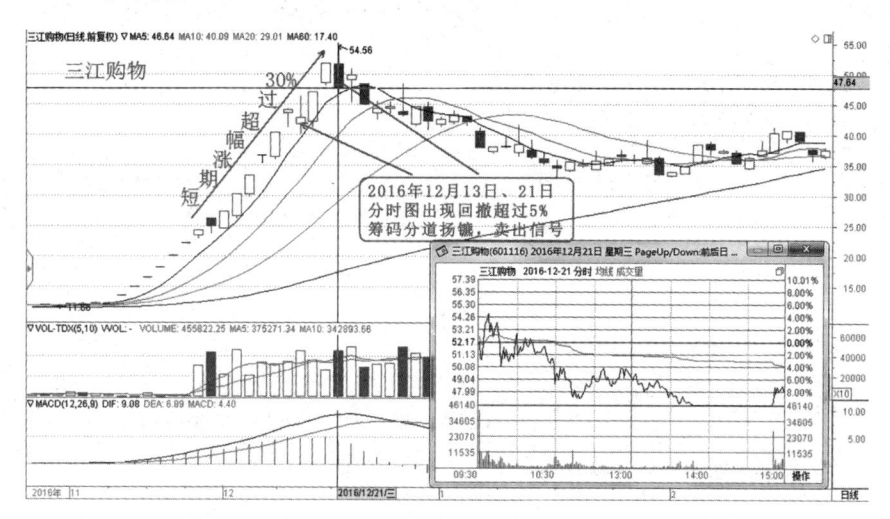

图案回顾点睛：三江购物运用分道扬镳战法的操作解析

由上图可见，2016年12月13日，分时图显示回撤5%，整体涨幅超过30%，如果在13日和21日看到这个信号就卖出，就避免后面的调整了。

【学习温馨小总结】

分道扬镳卖出法亮点：

○筹码开始松动，往往预示着短期见顶信号；

○先知先觉的主力资金已经开始撤退，紧随主力资金动向；

○应用这种卖出战法，往往卖在相对高位。

回撤了5%，就说明它的筹码开始松动了，往往预示着短期见顶的信号，虽然不一定就真的见顶，但是你先要有所警惕，因为这说明有一部分资金开始撤退，分歧在加大。大家做股票其实是跟随资金的动向，尤其要紧随主力资金动向，而且在实战当中，应用这个卖出战法很多时候会让交易者卖在相对的高位。

天箭科技

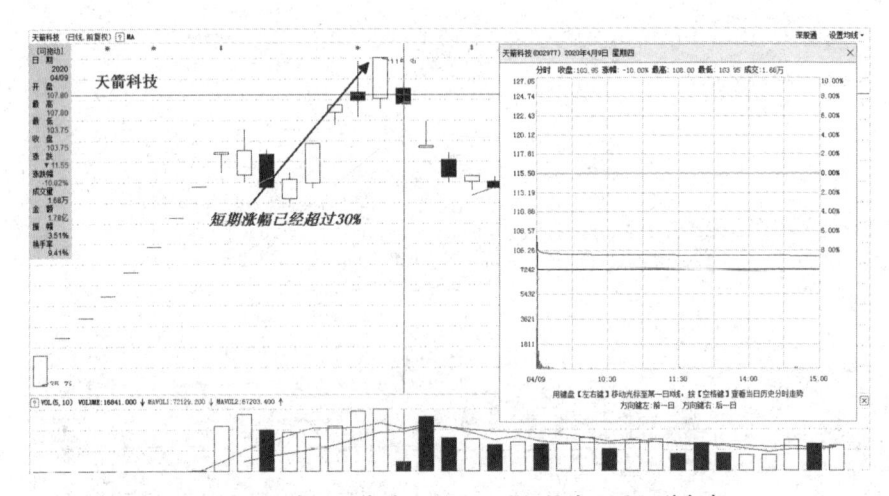

图案回顾点睛：天箭科技运用分道扬镳战法的操作解析

天箭科技当时处于一个短线行情衰退的阶段，当时行情内的个股由金健米业打出的赚钱效应发散到各个个股并走出不错的空间，此处提到的天箭科技短期内实现 30% 以上的涨幅，结合之前提到的卖出指标，2020 年 4 月 9 日当天股价分时出现 5% 以上的跌幅，已经具备卖出的条件，所以运用分道扬镳战法马上卖出，基本卖在高位附近的卖点了，算是一个非常好的逃顶战法，之后该股几个交易日回撤下来，跌幅夸张。

华天科技

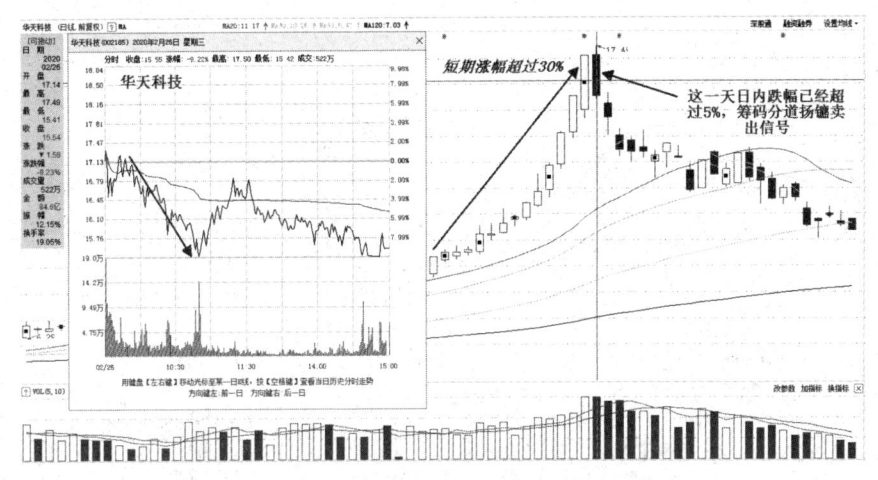

图案回顾点睛：华天科技运用分道扬镳战法的操作解析

华天科技处于一个科技线加速的阶段，短期内股价已经达到82%的涨幅，符合战法内的卖出条件。在股价加速阶段的时候，要时刻注意着卖出的信号。2月26日空方情绪开始释放，多方资金开始出现止盈行为，此时分时图显示出现5%的跌幅，就要及时离场了！

兴森科技

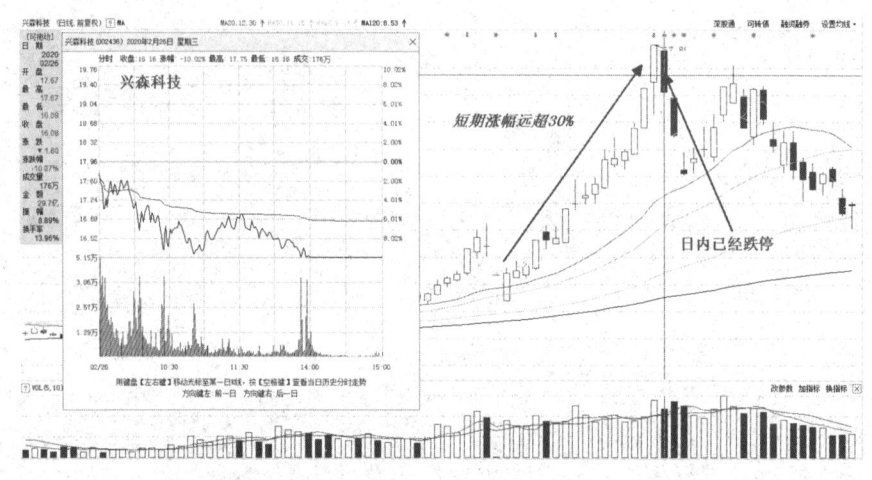

图案回顾点睛：兴森科技运用分道扬镳战法的操作解析

兴森科技也是属于当期的科技线加速见顶的情况，华天科技伴随着兴森科技的连阳脉冲加速，也是在 2020 年 2 月 26 日这天出现 5% 的跌幅，随后股价拐头向下，此时符合分道扬镳战法的卖出条件，短期内此处也形成高点。

银星能源

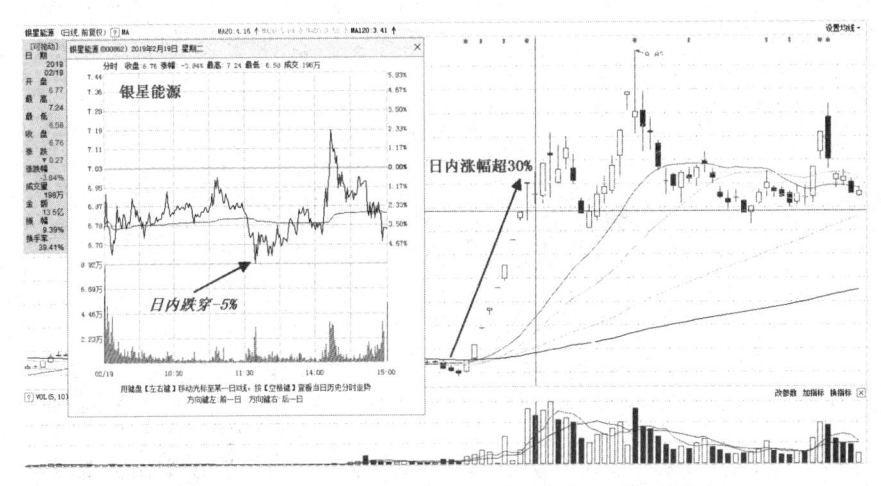

图案回顾点睛：银星能源运用分道扬镳战法的操作解析

银星能源作为 2019 年牛市启动前的一只大牛股，默默走出 9 连板的高度，且上涨途中基本是加速板，让场外持筹者都看得叹为观止，4 板、5 板、6 板，怎么还不出现换手板？没想到第一次最强换手就是顶部阶段了，再看看 9 板那一天的巨量换手，次日进入深度调整，跌幅超过了 5%。无论如何必须先分道扬镳了，该止盈了。阶段性顶部"面多肉少"，这时就不能再去参与了。

英洛华

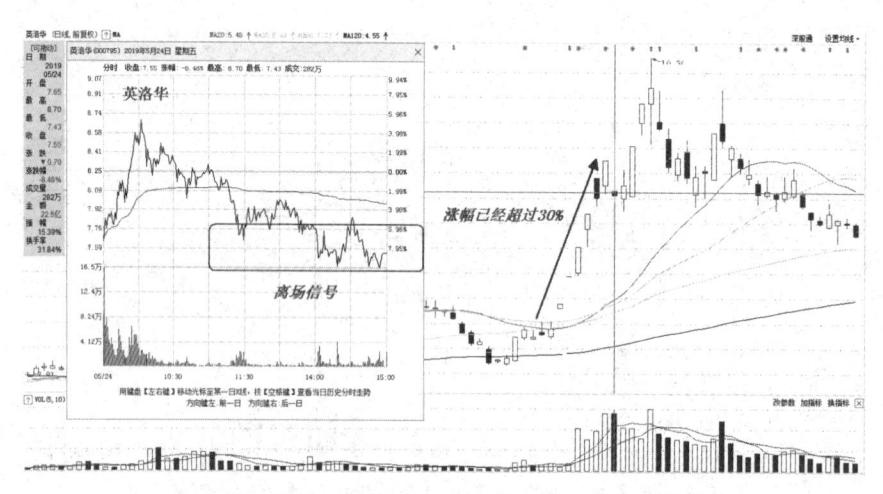

图案回顾点睛：英洛华运用分道扬镳战法的操作解析

英洛华当期遇上贸易战的稀土炒作行情，属于最早受资金青睐的品种之一，一路攻上来股价涨幅超过30%，于2019年5月24日分时下杀5%，到达资金一个卖出点，筹码就此震散了，也形成个股自行情炒作以来第一个阶段性顶部。分道扬镳战法就是这么牛，卖出的位置永远是到达股价"面多肉少"的区间。

联环药业

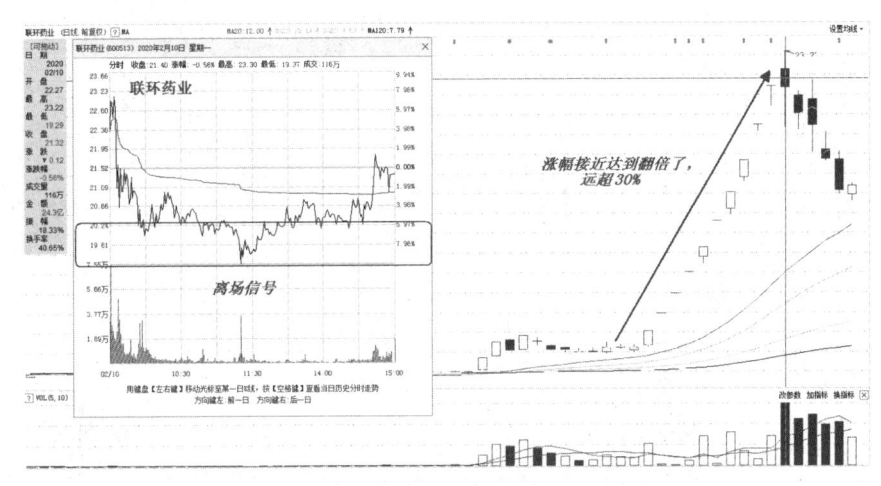

图案回顾点睛：联环药业运用分道扬镳战法的操作解析

2020年春节之后，大盘受疫情影响一石激起千层浪，医药三剑侠"联环药业、鲁抗医药、四环生物"暴涨，当时大盘九成的个股都冲跌停，上证指数开盘下跌800多点，那时候对很多短线交易者来说真是"活久见"，而因疫情受益的联环药业当天扛过疫情带来的大盘利空影响，逆势拉板，生生走出10连板，股价直接翻倍了！上涨容易让人头脑发热追涨，在2020年2月10日这天医药股开始见顶，联环药业的日内分时更是下跌超5%，已经达到分道扬镳战法里的卖出条件了，这时候应该立即止盈！接下来，我们再看一下另外两只医药股的表现。

鲁抗医药

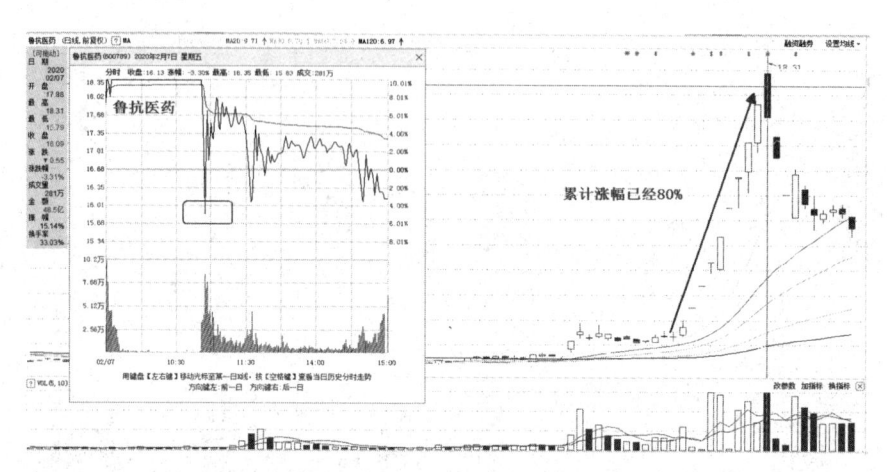

图案回顾点睛：鲁抗医药运用分道扬镳战法的操作解析

同样作为疫情的受益个股，鲁抗医药扮演着联环药业的"护卫士"的角色，龙头毕竟有号召力，但作为跟随者的它，当天分时图上突然速跌那一下已经超过5%，反抽上如果股价不回封，就已经是一个明确的卖出点位了，这个时候就不应该再抱有锁仓的期望，立即止盈出局，否则后面就会受到大面积回调交易日的影响。

第五章 分道扬镳卖出战法

四环生物

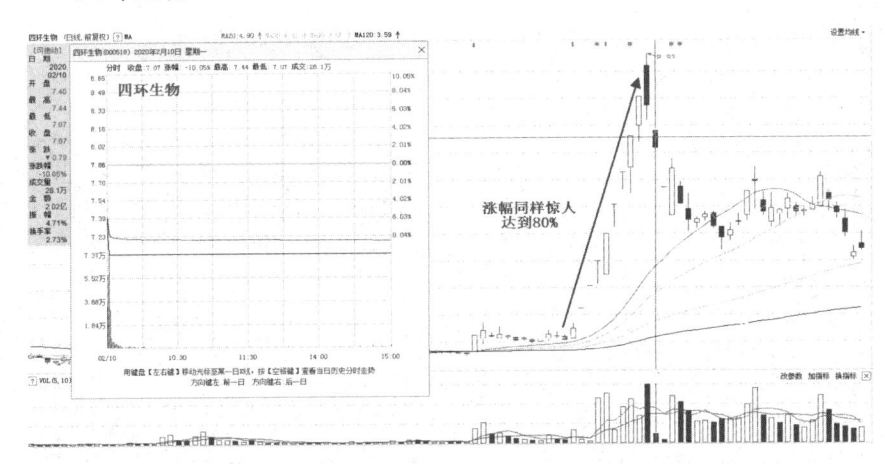

图案回顾点睛：四环生物运用分道扬镳战法的操作解析

除龙头联环药业外，四环生物与鲁抗医药同一天见顶，且在见顶次日大幅度低开，那些还抱有一丝反包梦的投机者，进去就后悔莫及了。次日低开的幅度，已经远超分道扬镳战法的卖出条件，所以要有执行力，应立即卖出！

通光线缆

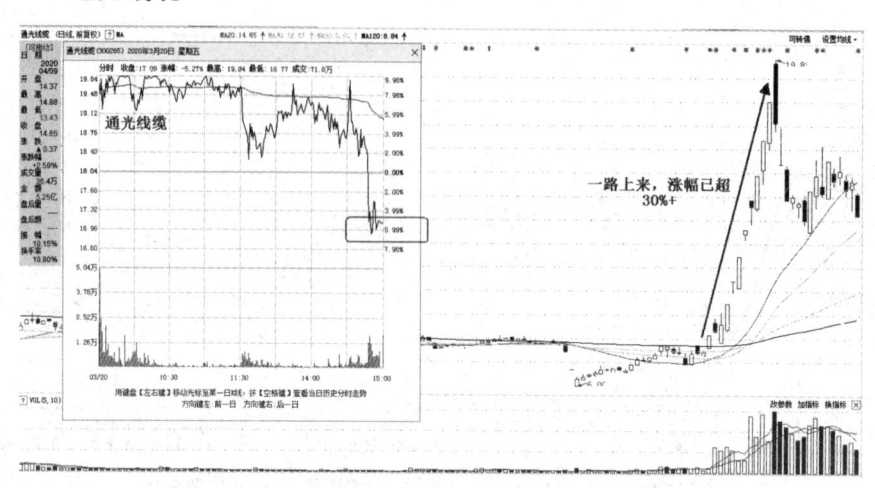

图案回顾点睛：通光线缆运用分道扬镳战法的操作解析

通光线缆是当时新基建特高压板块，属于后起之秀的龙头。那时候正值赚钱效应转亏钱效应的阶段，但是一路上来通光线缆也是很牛气的，反包之后也有 3 连板出现。可是如若 2020 年 3 月 20 日这天尾盘杀跌超 5% 还不离场的话，后面就面临着 20% 的亏损了。分道扬镳战法的成功率是非常高的，就算不能卖在顶部，但也能卖在顶部区域附近，是一个实用性非常强的战法。

[课后思考和作业]

1. 大家阅读完本章节战法内容之后，也可以尝试去回测有关涨幅过大的个股（结合到分道扬镳战法的卖出要点）。

2. 无招胜有招！战法应当根据当时大盘交易情况进行交易，切勿头脑发热！

（正在书前认真答题的您，可以把作业发送至邮箱并注明书名和章节，让我们一起探讨吧！邮箱地址：wgp168@vip.163.com）

第六章 瞒天过海卖出战法

学前须知:

1. 我们一起来看一看,我们的八大买卖战法的卖出战法之一——瞒天过海战法,这是第二个卖出方法。前文谈了四个买入战法,一个卖出战法,大家学完整套方法之后,一定会有所提高的,这些战法可以说含金量十足。

2. 本课堂的内容在牛散大学堂股威宇宙的等级为大学级别。

6.1 案例前瞻

天山股份

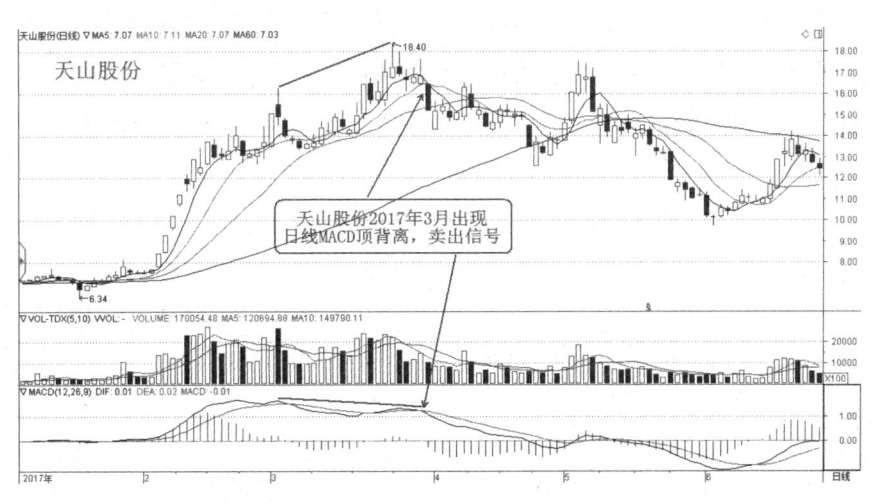

图案回顾点睛:天山股份运用瞒天过海战法的操作解析

天山股份 2017 年 3 月份出现了 MACD 顶背离。前文谈到的破釜沉舟战法，其实就是抓住 MACD 的底背离，反过来说就是瞒天过海了，就是顶背离，其实就是破釜沉舟战法的反面，如果学过买入战法应该就很清楚了。如图，天山股份的股价创了新高，而这个 MACD 没有刷新前期的高点，就形成顶背离了。MACD 没有刷新高点，而且量能也没有跟上。

6.2 瞒天过海战法之卖点核心讲解

三大卖点核心要素：

○股价创出新高，看似很强势；

○但 MACD 却没能创新高，出现背离信号，就是主力要瞒天过海；

○这是成功率比较高的卖出信号，后期股价往往会进行调整。

【学习重点提炼加深印象】

低位叫破釜沉舟，高位叫瞒天过海，这是一种很贴切的比喻。低位的时候我们要认识到物极必反，阴至极则阳，反过来在高位的时候，股价一波又一波，不断刷新高点的时候，MACD 却没能创新高，这就是阳至极则阴，所以就要卖出。因此，在涨得过度的时候，要看看有没有一些背离的信号，如果有，就可以大胆地减持，主力在瞒天过海，创新高就是要让散户做接盘侠。而学会这个战法，就不用再去做接盘侠了。

6.3 案例巩固精讲

平安银行

图案回顾点睛：平安银行运用瞒天过海战法的操作解析

不难发现，连平安银行这样的股票也会应用主力蛊惑的手段，创出新高后，MACD顶背离，且MACD也下降得很明显，后面股价就进入雪崩的阶段。了解了瞒天过海战法，就可以避免无谓的损失。

供销大集

图案回顾点睛：供销大集运用瞒天过海战法的操作解析

由上图可见，供销大集股价不断创出新高，但是MACD并没有跟随股价创出新高，这就形成MACD顶背离的信号，不难发现没过多久股价就出现持续单边下跌了。估计那时候很多人都会意识到MACD顶背离是一个正确的卖点了吧。

浙商中拓

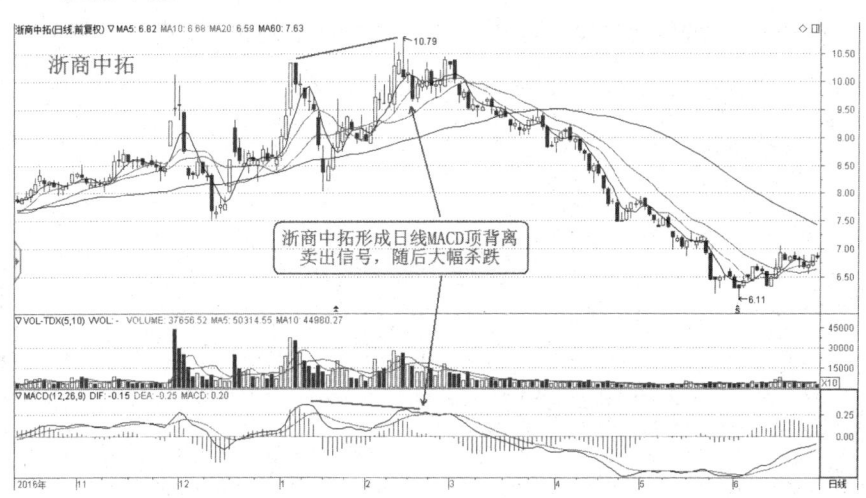

图案回顾点睛：浙商中拓运用瞒天过海战法的操作解析

上图显示浙商中拓形成日线 MACD 顶背离，虽然股价创新高了，但 MACD 没有创新高，顶背离了。一般散户会认为创新高了，赶紧追吧，结果高点买入后面直接下杀，10 元一路下杀到 6 元才有点止跌迹象，最终当了接盘侠，多么恐怖啊！

上证指数也是一样，如下图所示：

图案回顾点睛：2015 年 6 月份的上证指数

上证指数于 2015 年 6 月份形成日线 MACD 顶背离，出现一个卖出信号——顶背离。但当时的狂热当中，大家觉得大盘还要向上，阳至极则阴，随后发生股灾，令很多人不堪回首！

道恩股份

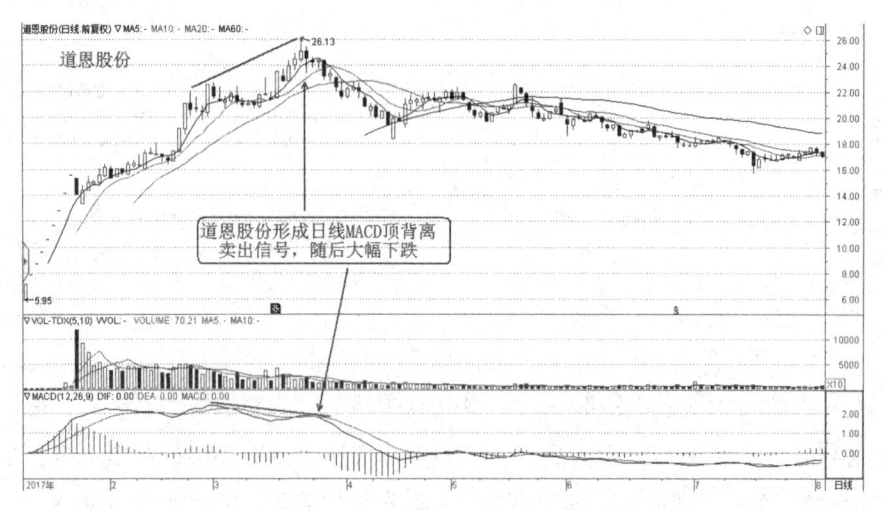

图案回顾点睛：道恩股份运用瞒天过海战法的操作解析

道恩股份是次新股，顶背离后大幅下跌。由于次新股不断地炒作，道恩股份股价也不断创新高。其实它后面刷新高点的时候，MACD 出现顶背离，当你看前一个刷新的高点是没有顶背离的，而后面这个刷新了前期的高点是有顶背离的，说得直白一些，就是这里面"忽悠"的成分很大，而且量能也跟不上，已经没有前期那么多了。

【学习温馨小总结】

在破釜沉舟战法里面谈到了量能，就是说一般的顶背离，量能比前面要低，这里同样是如此，因为要衰竭了，量能肯定不大了。换句话说，这里你可以把这个成交量看成力量、能量，能量是在递减，其股价还能冲到多高？所以在这个时候卖出，大概率是相对的高点。

厦门港务

图案回顾点睛：厦门港务运用瞒天过海战法的操作解析

上图显示，厦门港务形成60分钟的MACD顶背离，大家可以看到创出新高之后出现顶背离。而这个顶背离，也可以放在不同的周期来探讨，比如60分钟的周期，日线的周期，周线的周期，如果说多个周期都有共振，都是同一时释放出这样的一个顶背离信号，那下跌的概率无疑是更大了。对这一点了解一些就行了，有些小白可能不懂这个多重周期，没有关系，先记住这里的分析，以后有些基础课程可以继续学习，提升之后再回看一下这里的内容，你就会豁然开朗的。

新宏泽

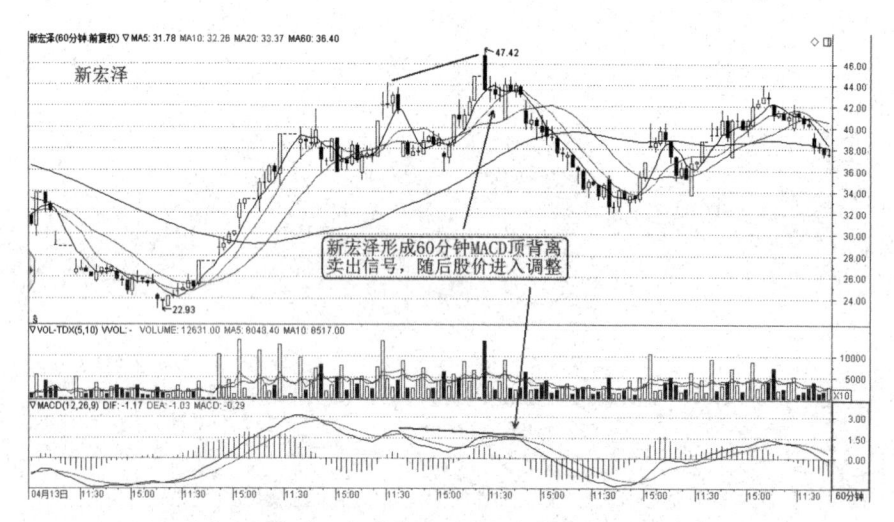

图案回顾点睛：新宏泽运用瞒天过海战法的操作解析

新宏泽60分钟线刷出新高，MACD没有刷新高点，形成顶背离，随后股价进入调整。

科大国创

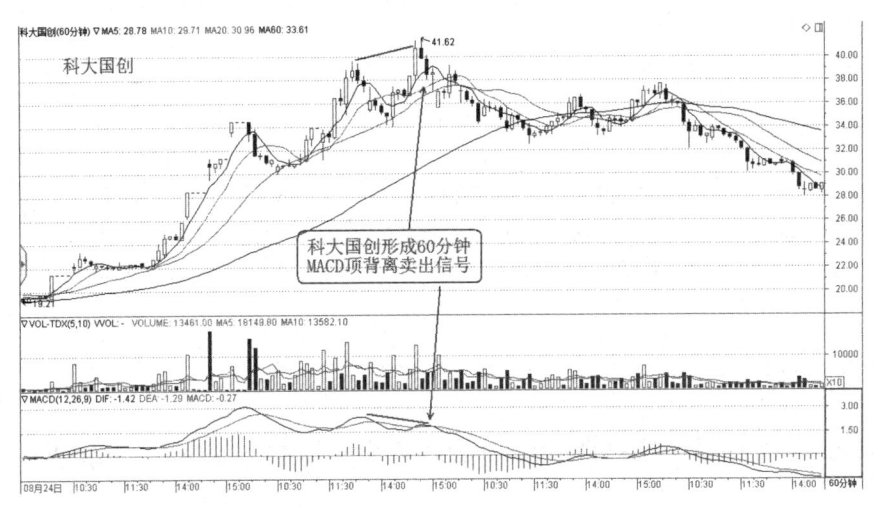

图案回顾点睛：科大国创运用瞒天过海战法的操作解析

上图显示，科大国创股价不断创新高，其实早已顶背离，因此这时就应该警惕了，应该卖出了。当然我们在具体实战当中，更要结合每个个股的基本面以及市场的热点等，综合去把握。学会瞒天过海战法，会有助于你去研判个股的阶段性高点。

【学习延伸突破小细节】

瞒天过海卖出法亮点：

○瞒天过海卖出法，成功率比较高；

○上涨过程中，量能已经跟不上股价的上攻；

○卖出信号出现后，股价往往会有一波调整。

MACD顶背离，量能又跟不上，这个时候不计成本抛售或者是阶段性减持大部分筹码，你成功的概率会非常大。

【学习温馨小总结】

瞒天过海战法适用在一个股价不断创新高的过程当中，去发现阶段性的高点，尤其在一些次新股的交易中，具有很强的实战意义。

正邦科技

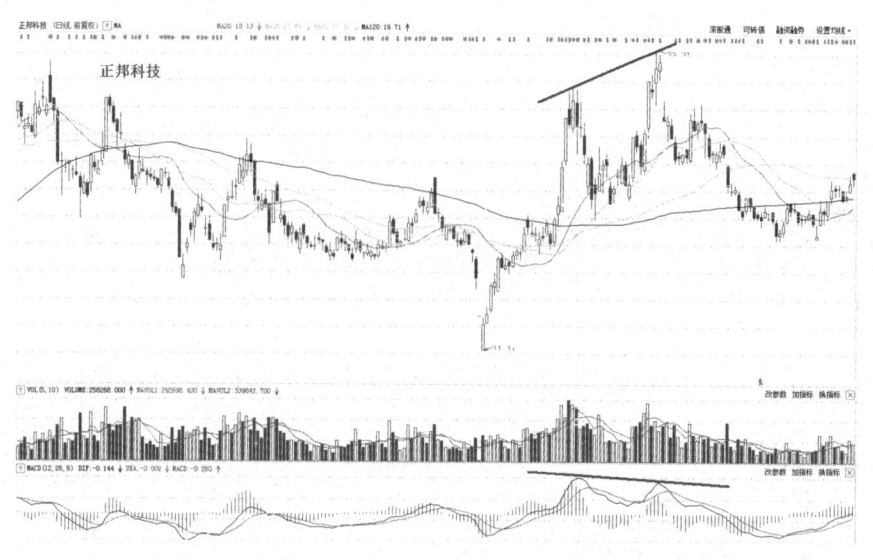

图案回顾点睛：正邦科技运用瞒天过海战法的操作解析

正邦科技自年头的第一波上升后，二波再次主升起来，MACD比第一波的低，二波高点明显顶背离，且到达高点后量能已经出现逐渐回落的趋势，所以创出高点后那天MACD没有创新高，就是正确卖点了。

[课后思考和作业]

1.我们不求卖到最高点，但是学会这种方法，有可能卖在阶段性的一个相对高点，好好理解其中的逻辑，在实战中不断地提高自己。

2.此战法有助于在实战中辅助，但不能迷信于理论，建议投资者在学习战法的过程中，对自己失败的交割单进行总结，说不定就会发现惊喜！

（正在书前认真答题的您，可以把作业发送至邮箱并注明书名和章节，让我们一起探讨吧！邮箱地址：wgp168@vip.163.com）

第七章 功成身退卖出战法

学前须知：

　　1.学最好的课程，做最牛的散户，欢迎来到我们的牛散大学堂。这一次我们要跟大家分享的是第七招：功成身退卖出法。功成身退卖出法怎么去理解呢？说白了就是涨势到尽头，要"功成身退"了。

　　2.本课堂的内容在牛散大学堂股威宇宙的等级为大学级别。

7.1 案例前瞻

保利地产

图案回顾点睛：保利地产运用功成身退战法的操作解析

　　从2009年4月28日到7月份的K线图可以看到，保利地产延续了近3个月的上涨趋势在7月29日被跌破，视为卖出信号，当日卖出后，股价从 8 元跌到了 5 元。

7.2 功成身退战法之卖点核心讲解

三大卖点核心要素：

○股价收盘价跌破上涨趋势线，是一个卖出信号；

○趋势线由收盘价画起；

○趋势线跌破，往往预示股价开始反转，后期将会开启一波下跌。

怎么去理解趋势线？其实趋势线很简单，就是拿一根线来画，因为上涨过程，它往往是依托着每一次的低点在逐级上涨。

7.3 案例巩固精讲

安琪酵母

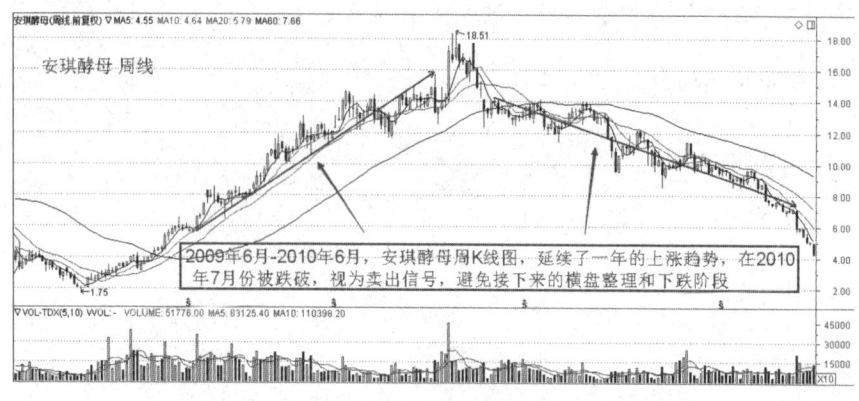

图案回顾点睛：安琪酵母运用功成身退战法的操作解析

一般趋势线最好看大一点的周期，用周线来看安琪酵母，可见左边是在一直上涨，上涨过程当中，一直在趋势线上方，而在后面就开始跌破了，跌破趋势线就是一个卖出的重要信号。后面虽然回光返照往上冲击趋势线，但是依然还是回落下来。所以这个区域，可以说是一个卖出区域。可以发现，将 7 月份跌破趋势线视为卖出信号，延续了一年的一个上涨趋势开始转变，毕竟从两元多涨到 18 元多，涨幅很大了。所以当涨得过多、趋势线又跌破的时候，就要考虑卖出了。所谓功成身退、落袋为安，就是这个道理。总之，要紧密围绕趋势线去操作。

东阿阿胶

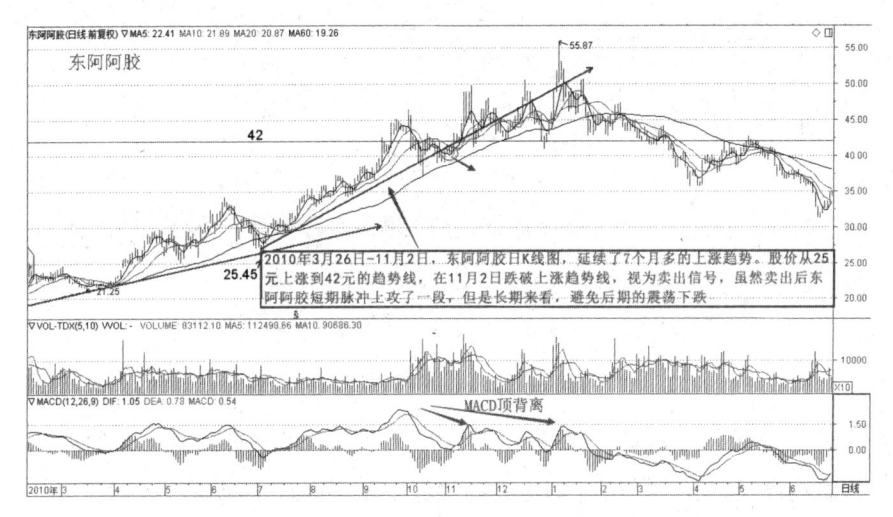

图案回顾点睛：东阿阿胶运用功成身退战法的操作解析

东阿阿胶也是如此，它之前是沿着近 45 度角的方向上涨，在 25.45 元之后是从更陡的角度往上涨，在这个过程当中涨得比较多，股价从 25 元涨到 45 元，但是 11 月 2 日跌破趋势线，视为卖出信号。这个信号一旦出来，再结合背离分析，可见东阿阿胶股价创新高，但 MACD 不创新高，与前面瞒天过海战法中的背离相似，股价创新高，MACD 不创新高，明显背离了，此时完全可以选择卖出。

北方华创

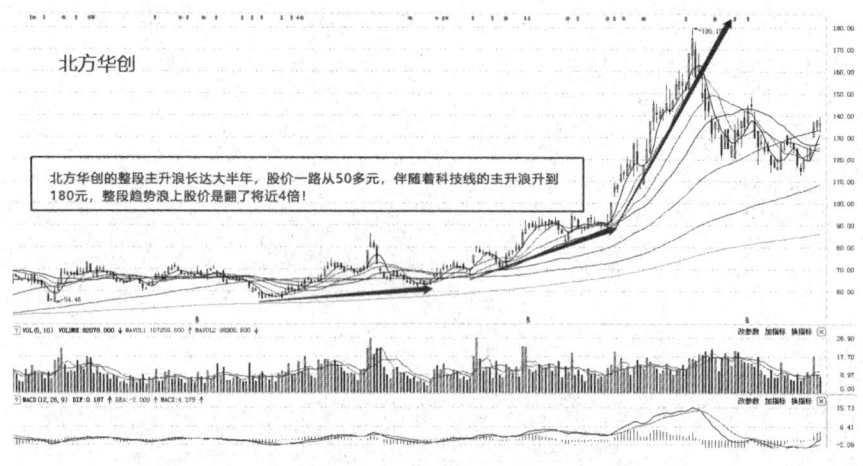

> 北方华创的整段主升浪长达大半年，股价一路从50多元，伴随着科技线的主升浪升到180元，整段趋势浪上股价是翻了将近4倍！

图案回顾点睛：北方华创运用功成身退战法的操作解析

北方华创从 2019 年 10 月份开始跟随科技主升浪趋势上涨，涨势一波接着一波，到 2020 年年初回来的时候，正式进入加速阶段。看我们画的趋势线，股价跌破了加速的趋势线，就是时候离场了，一般趋势加速过后，短时间内大概率是回不到原来价位的，一定要注意！

韦尔股份

韦尔股份

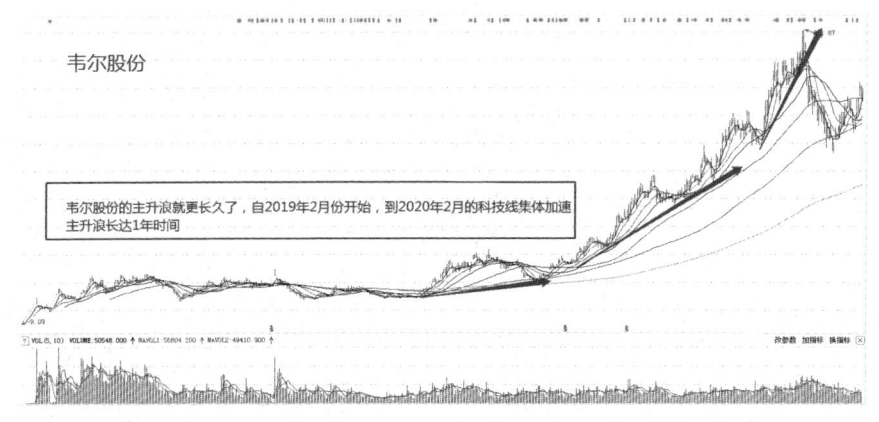

韦尔股份的主升浪就更长久了，自2019年2月份开始，到2020年2月的科技线集体加速主升浪长达1年时间

图案回顾点睛：韦尔股份运用功成身退战法的操作解析

从上图我们可以清晰看见，韦尔股份经历了长达 1 年的主升趋势，在最后一段加速上涨之后，就出现衰退，科技类趋势的个股集体在高位呈现趋势性破位，这时候就没必要再参与了。

以岭药业

以岭药业

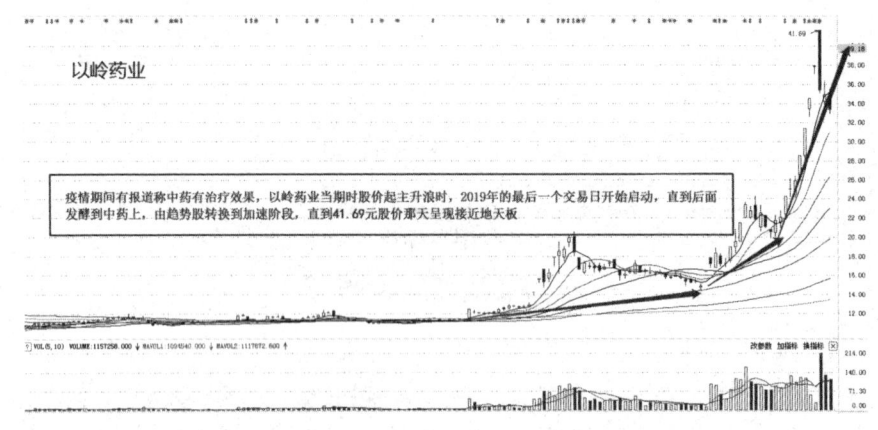

疫情期间有报道称中药有治疗效果,以岭药业当期时股价起主升浪时,2019年的最后一个交易日开始启动,直到后面发酵到中药上,由趋势股转换到加速阶段,直到41.69元股价那天呈现接近地天板

图案回顾点睛：以岭药业运用功成身退战法的操作解析

以岭药业自疫情启动期间股价就一直顺着趋势线向上走，疫情期间发酵了多个热点，有口罩、呼吸机、疫苗、核酸检测等。以岭药业走着中药有效应对疫情的题材趋势，股价一路从11元涨到41元，翻了近4倍。同样来看趋势线，前面给大家提到趋势走向加速就意味着个股短期见顶，所以此时仍在持有的投资者就必须警惕了！

五粮液

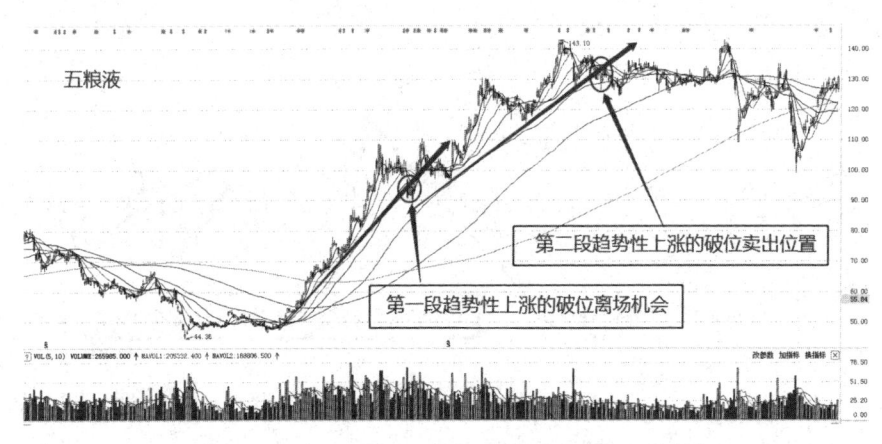

图案回顾点睛：五粮液运用功成身退战法的操作解析

从五粮液的K线图上可以看到，第一段离场位置虽然破势后股价回落并不明显，从第二段能更明显地看出它上涨无力，结合前文所讲的瞒天过海战法，股价虽然屡屡创出新高，但是MACD并没有跟随创新高，形成顶背离状态，应该及早卖出了。

大北农

大北农

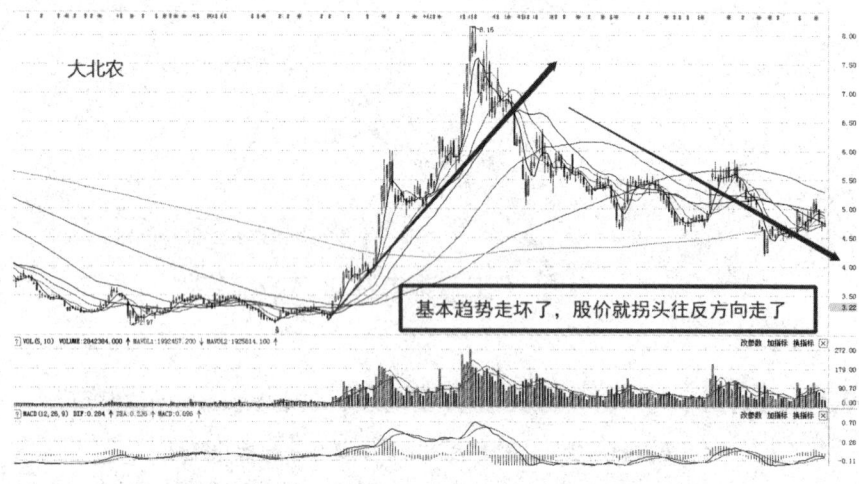

基本趋势走坏了,股价就拐头往反方向走了

图案回顾点睛:大北农运用功成身退战法的操作解析

大北农这种走势就体现得更明显了,延续着趋势线走上涨通道,破位后马上拐头往下,形成趋势性的卖点。

上海新阳

上海新阳

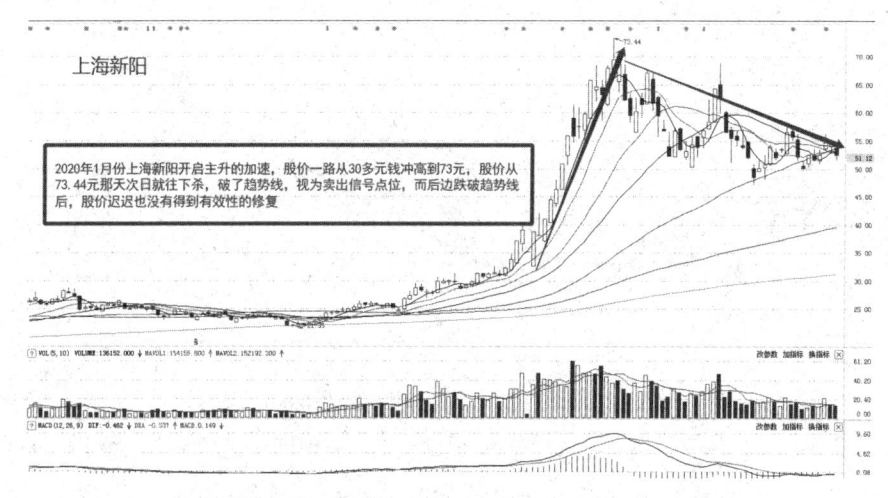

2020年1月份上海新阳开启主升的加速,股价一路从30多元钱冲高到73元,股价从73.44元那天次日就往下杀,破了趋势线,视为卖出信号点位,而后边跌破趋势线后,股价迟迟也没有得到有效性的修复

图案回顾点睛:上海新阳运用功成身退战法的操作解析

上海新阳从启动位置(左侧箭头底部)起,股价一路猛涨到73.44元,随后跌破了趋势线,后续反弹也没有达到很好的幅度,应用功成身退战法分析,股价跌破了趋势线,大概率在见顶附近了,此时此刻不要有过多的幻想,需要把仓位腾空。

中铁工业

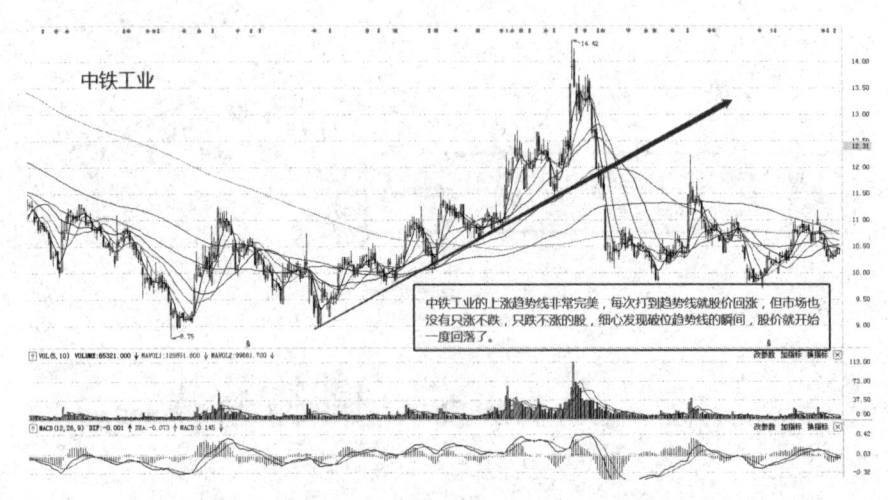

中铁工业的上涨趋势线非常完美，每次打到趋势线就股价回涨，但市场也没有只涨不跌，只跌不涨的股，细心发现破位趋势线的瞬间，股价就开始一度回落了。

图案回顾点睛：中铁工业运用功成身退战法的操作解析

这个案例是犹如教科书一般的功成身退卖出战法实例。股价跌破趋势线，往往就要及时离场了，后边的风险是不可预测的，为了安全起见，必须离场观望。

中国长城

图案回顾点睛：中国长城运用功成身退战法的操作解析

中国长城沿着趋势线上涨，跌破趋势线的那一刻也就是本战法提到的卖点了。

碧水源

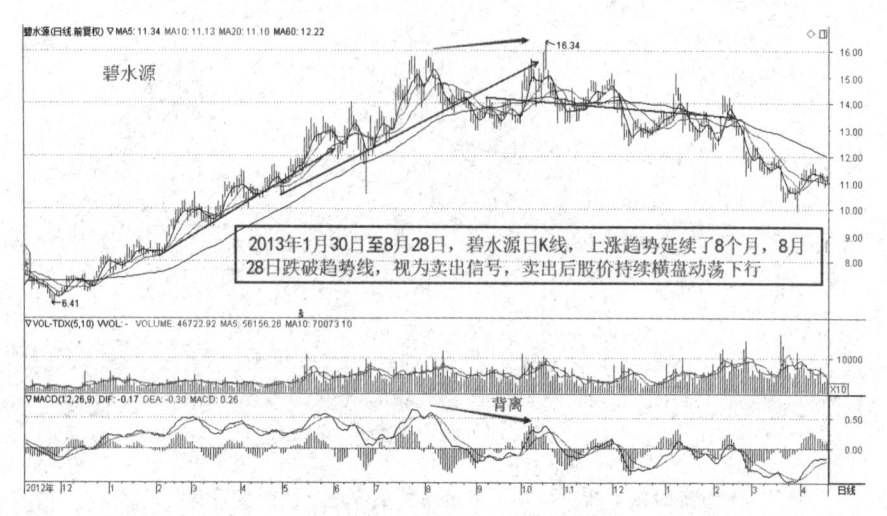

图案回顾点睛：碧水源运用功成身退战法的操作解析

图中文字：2013年1月30日至8月28日，碧水源日K线，上涨趋势延续了8个月，8月28日跌破趋势线，视为卖出信号，卖出后股价持续横盘动荡下行

每一个卖出点其实都要运用多重战法，由上图可以看到上涨趋势，在新高这个位置已经有点背离，MACD背离分析法也非常适用。上涨趋势延续那么长的时间，趋势线一旦跌破，就会进入另外一个周期，不要想着调整周期马上就会结束，熊市的时候，往往会延续很长一段时间，而且幅度可能会很大。

浙江龙盛

浙江龙盛

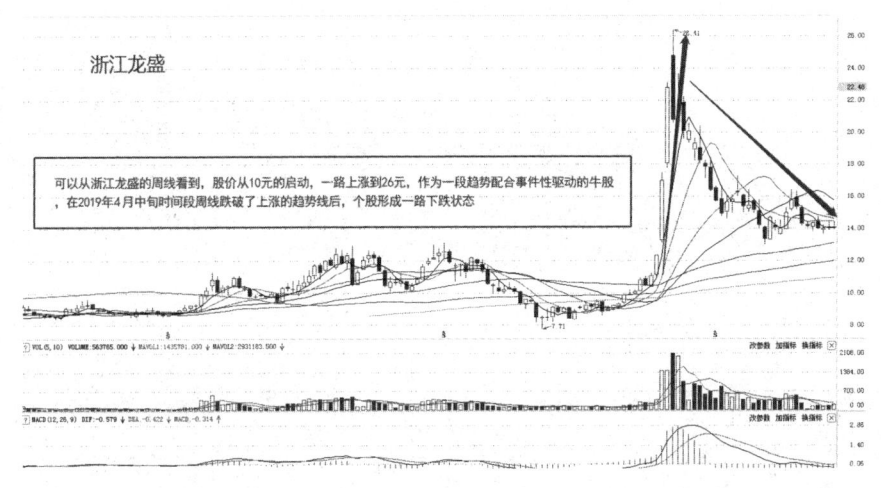

可以从浙江龙盛的周线看到，股价从10元的启动，一路上涨到26元，作为一段趋势配合事件性驱动的牛股，在2019年4月中旬时间段周线跌破了上涨的趋势线后，个股形成一路下跌状态

图案回顾点睛：浙江龙盛运用功成身退战法的操作解析

当时的化工厂爆炸新闻事件一出，浙江龙盛随即爆发起来，集体性的板块爆炸现象还让很多投资者记忆犹新。我们回到盘面的K线来看，周线图上可以看到形成一道上升趋势线，此时一定细心观察：第二根阴线一旦跌破了趋势线就必须要止盈出局了，因为这里后面蕴藏着的风险是"哪里来，哪里去"。

比亚迪

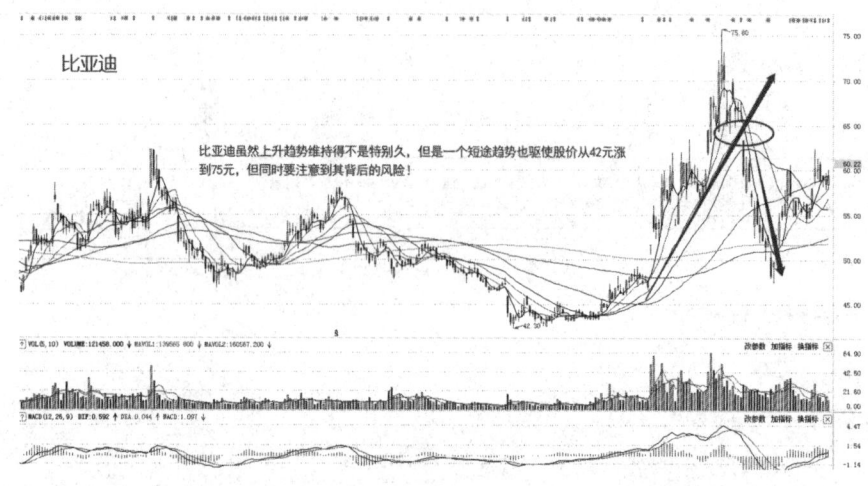

比亚迪虽然上升趋势维持得不是特别久，但是一个短途趋势也驱使股价从42元涨到75元，但同时要注意到其背后的风险！

图案回顾点睛：比亚迪运用功成身退战法的操作解析

比亚迪这一轮上升趋势并没有持续过长的时间，其股价在短短两个月时间就从 42 元上升到 75 元，在上升途中应留意功成身退战法中提到的趋势线，圆圈处股价当日一根跳空低开阴线直接打破了上升趋势线，此时此刻还等什么，当然是及时离场了。

江西铜业

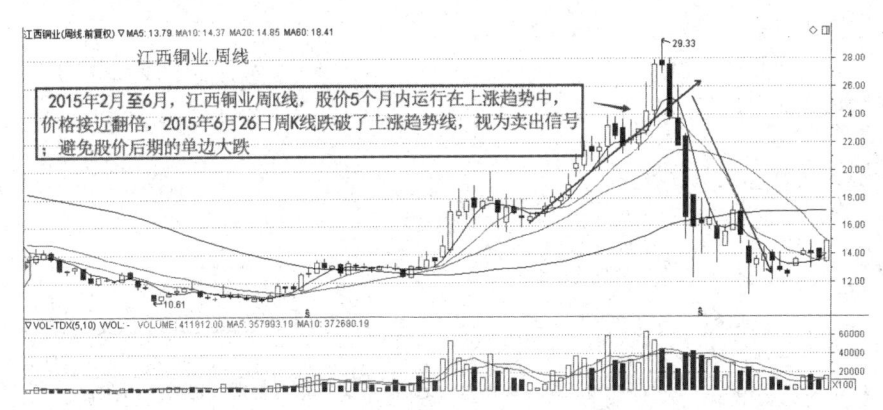

[图表：江西铜业周线图，含说明文字：2015年2月至6月，江西铜业周K线，股价5个月内运行在上涨趋势中，价格接近翻倍，2015年6月26日周K线跌破了上涨趋势线，视为卖出信号；避免股价后期的单边大跌]

图案回顾点睛：江西铜业运用功成身退战法的操作解析

江西铜业是延续了很长时间的一种上涨，之后趋势线开始跌破，跌破之后的股价也出现了一个大的下行。可见涨的时候非常厉害，跌的时候也相当凶悍。涨的时候我们要重势，跌的时候要重质，一旦市场发生逆转的时候，对于趋势线尤其是周线，要特别警惕，要学会落袋为安。

罗牛山

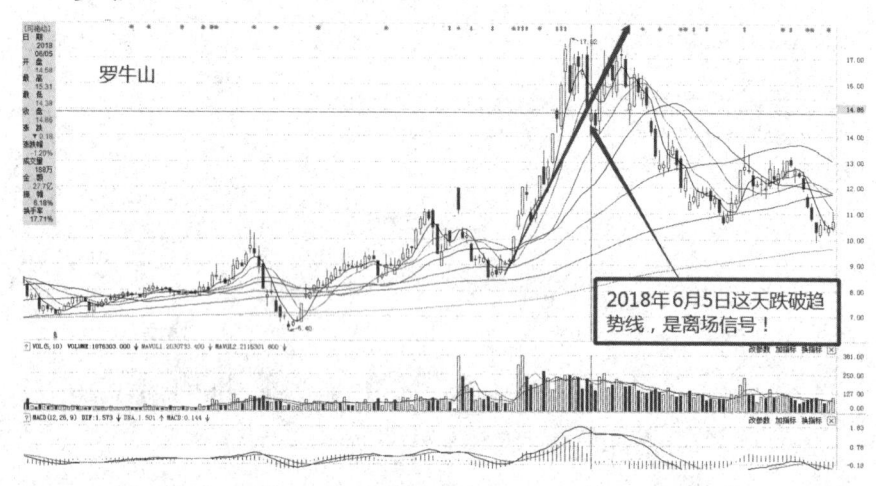

图案回顾点睛：罗牛山运用功成身退战法的操作解析

罗牛山是从海南赛马场跑出的一只牛股，由上图可以看到画出的趋势线，它的驱动性上涨有点像之前提到的浙江龙盛。这里可以发现但凡这种事件驱动性股票一旦跌破趋势线后，后面就会迎来持续大跌。

东方财富

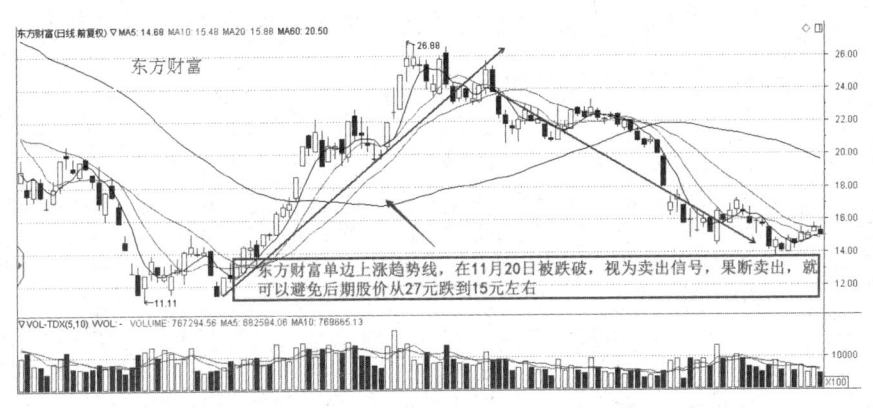

图案回顾点睛：东方财富运用功成身退战法的操作解析

上图显示东方财富单边上涨，整个趋势走得非常漂亮。如果一只个股出现一个周线轮番上涨的过程，或整个趋势没有改变，是可以持有的；但是一旦趋势发生微妙变化的时候，随时就要考虑落袋为安了。

【学习延伸突破小细节】

功成身退卖出法亮点：

○成功率非常高的一种卖出战法；

○卖出后，股价往往会有一波下杀；

○可以规避后期的下杀风险。

围绕趋势线，可以将功成身退战法和瞒天过海战法结合起来。这样你就能很容易把握到一个阶段性的高点，往往卖出后股价都会有一波杀跌。如果能够在相对高位卖出的话，就可以规避后期股价下杀的风险。

[课后思考和作业]

其实功成身退战法说来很简单，做起来却有点难。如果结合其他战法去操作的话，就一定能够在阶段性高位，把握好卖出高点。说白了，涨得多，趋势改变，又有一定的背离，结合起来看就是阶段性一个不错的卖点！

（正在书前认真答题的您，可以把作业发送至邮箱并注明书名和章节，让我们一起探讨吧！邮箱地址：wgp168@vip.163.com）

第八章 穷途末路卖出战法

学前须知：

1. 欢迎来到牛散大学堂，这是八大买卖战法的最后一堂课。这最后一堂课讲什么？最后一堂课就是穷途末路卖出战法。什么是穷途末路卖出战法呢？也就是说已经到了涨势的尾端了，这时候不要去追了，反而要撤，转战其他战场。穷途末路时莫追高，高潮之后要警惕风险。

2. 本课堂的内容在牛散大学堂股威宇宙的等级为大学级别。

8.1 案例前瞻

方大炭素

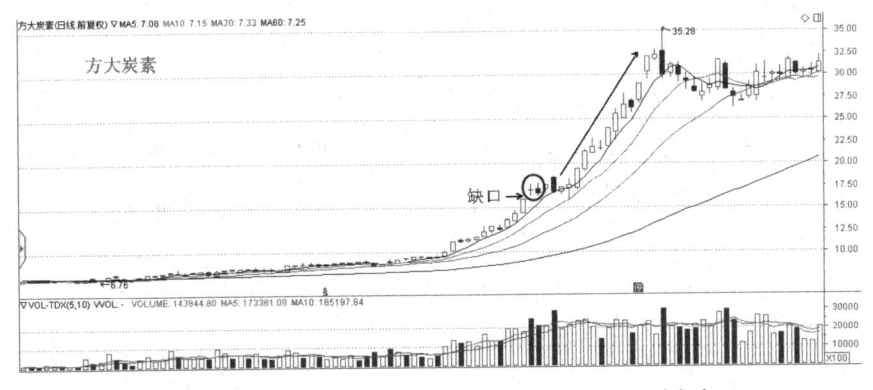

图案回顾点睛：方大炭素运用穷途末路战法的操作解析

由上图可知，当方大炭素涨到这个位置的时候，有一颗十字星和一根小阴线，看上去有点像并列线一样，似乎是一个好的卖出点，但是结合它的整个主题和整个强势的量能来看，事实上并非如此。它在后面依然走出一波波澜壮阔持续上攻的走势。判断并列线还要看龙虎榜数据，具体问题要具体分析。对于并列线，要有一个正确的认识：看到这两根并列线如果真的是一个卖出点的话，确认信号其实就是这个补缺口的走势，一旦回补缺口，就是一个卖出信号了。仔细观察上图可以发现，方大炭素那四五天都没有回补缺口，最后一天回补也是瞬间的，收盘时还是没有回补，所以最终它能保持强势。

我们看看下图的上证指数：

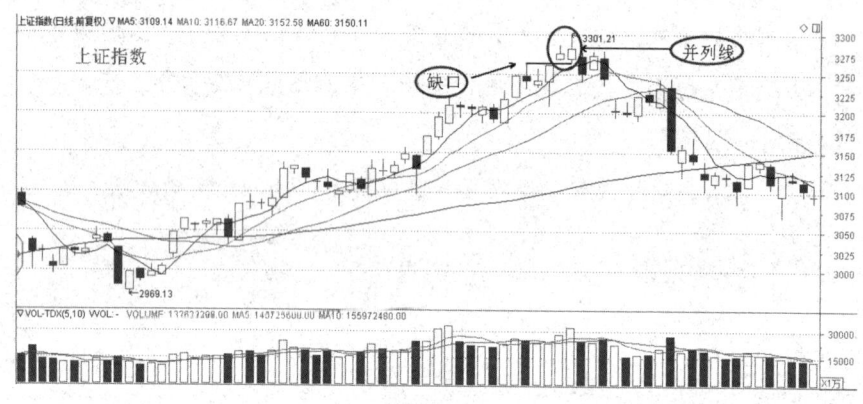

图案回顾点睛：上证指数运用穷途末路战法的操作解析

上证指数一路往上走，走到这个缺口之后，如果它涨上去还好，持续攻击也还好，但是涨上去之后出现一个并列线，就是并列滞涨，对于这种不怎么涨的时候就要小心了，这可能是上涨趋势逆转的一种征兆。

8.2 功成身退战法之卖点核心讲解

三大卖点核心要素：

○持续上升幅度 30% 以上；

○出现跳空缺口，当日缺口不回补；

○次日收出与昨日实体长度相仿、位置相仿的并列线。

【学习重点提炼加深印象】

对于穷途末路战法，首先我们要确认一点，就是个股涨得多了，持续上涨幅度达 30%。一般来说，涨幅超过 30% 就会面临调整的压力，当然小周期可以再小一点。持续上升幅度超过 30%，然后出现跳空缺口，当日缺口没有回补，就要小心了。总会有一个最后的疯狂，有缺口不回补，而次日的 K 线实体是与昨日的实际长度相仿、位置相仿的并列线，就是滞涨信号。当然还要具体问题要具体分析，不是说所有这种情况都是不涨的，有时会相反，我们来看看以下案例。

8.3 案例巩固精讲

杉杉股份

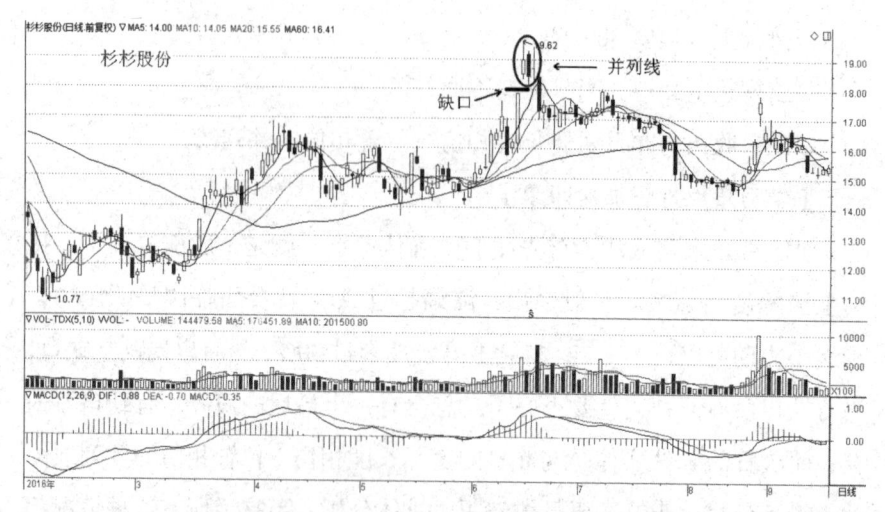

图案回顾点睛：杉杉股份运用穷途末路战法的操作解析

上图显示当杉杉股份出现并列线，回补了前期缺口，其实就是一个确认的卖点，没回补缺口的时候可能还有点看不出来，但当出现了并列线的时候就确确实实是需要警惕了。

合纵科技

图案回顾点睛：合纵科技运用穷途末路战法的操作解析

从合纵科技可见，应警惕并列线缺口，回补就是确认动作，一定要确认当日收盘价回补缺口。前文提到的方大炭素当日收盘价就是没有确认回补缺口的，所以它依然还能够走强。

焦作万方

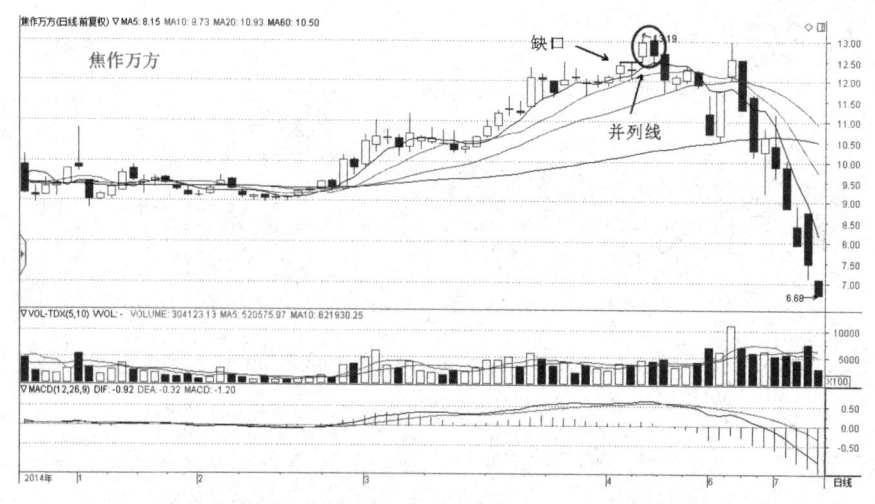

图案回顾点睛：焦作万方运用穷途末路战法的操作解析

由上图可以看出，出现了并列线，并回补了前期缺口，这时就可以卖出了。

景峰医药

景峰医药

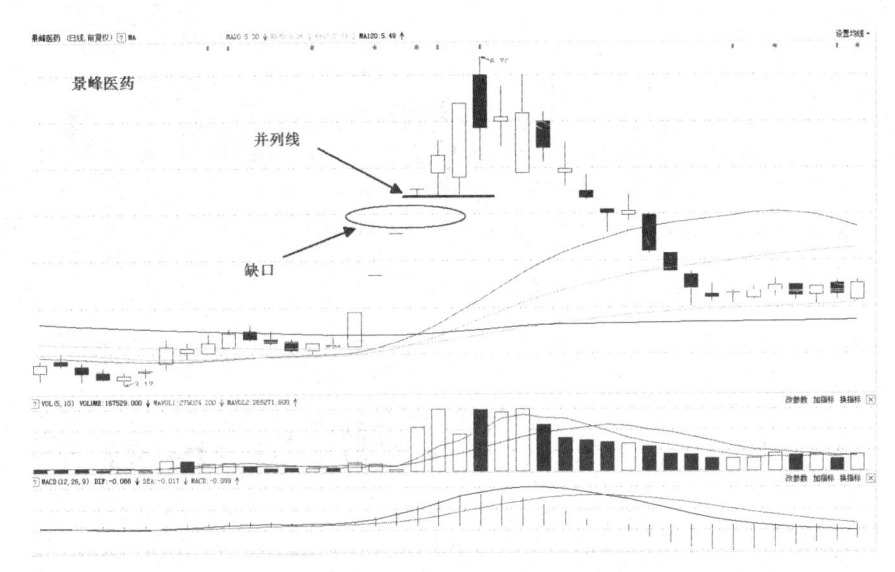

并列线

缺口

图案回顾点睛：景峰医药运用穷途末路战法的操作解析

景峰医药也出现了很明显的并列线，虽然说次日是一根并列线的反包板形式，但是不难发现次日上攻无力，基本都是确认一个卖点。所以，如果出现类似情况，即次日并列线反包板且上攻无力的话，就要及时离场了。

万通智控

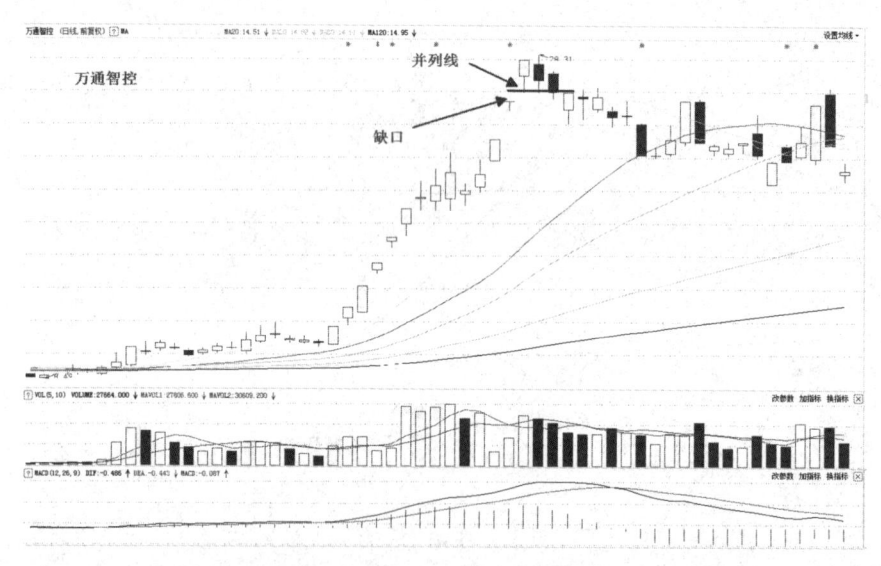

图案回顾点睛：万通智控运用穷途末路战法的操作解析

万通智控一路涨上来也是非常牛，由于第一波上涨时它突破了市场的一个峰值高度，后续资金也给予了它第二波的机会。细心观察可以发现：到顶部呈现出并列线与缺口，而且出现了第二根阴线，预示后期不可能继续走强。毋庸置疑，它已经走到尽头了，要及时止盈，而不是追高买入了。

市北高新

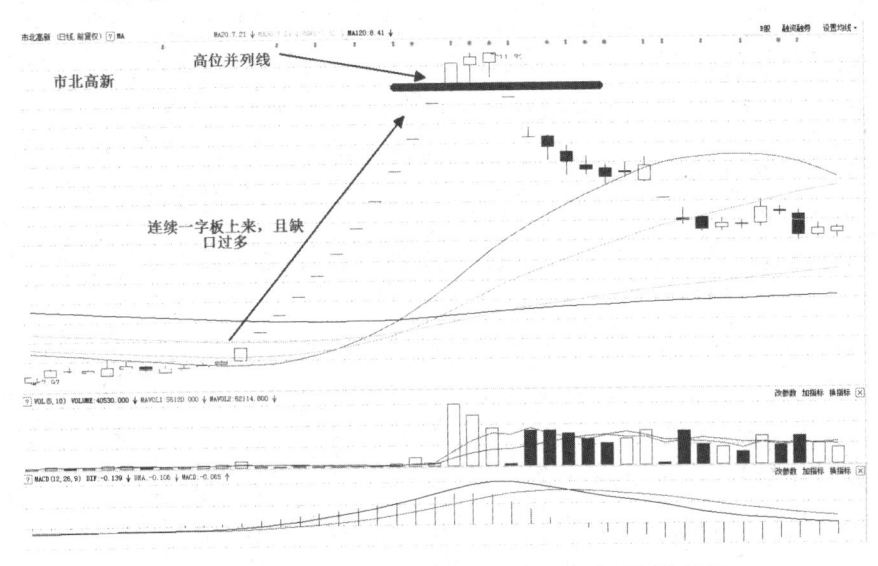

图案回顾点睛：市北高新运用穷途末路战法的操作解析

市北高新是当时创投板块的龙头，一字板上来，跳空缺口真多，基本上是一波顶到位，不难发现当日顶部出现了一个换手板，随后要留意之后两天的表现，出现了高位并列线。如果你不是买在换手板的后两日，第三日再去买就很被动了，就会出现"一字跌停＋倒T跌停"的情况，而且这一跌就是20%。应用并列线预测个股后期走势，具有很强的实用性！

GQY 视讯

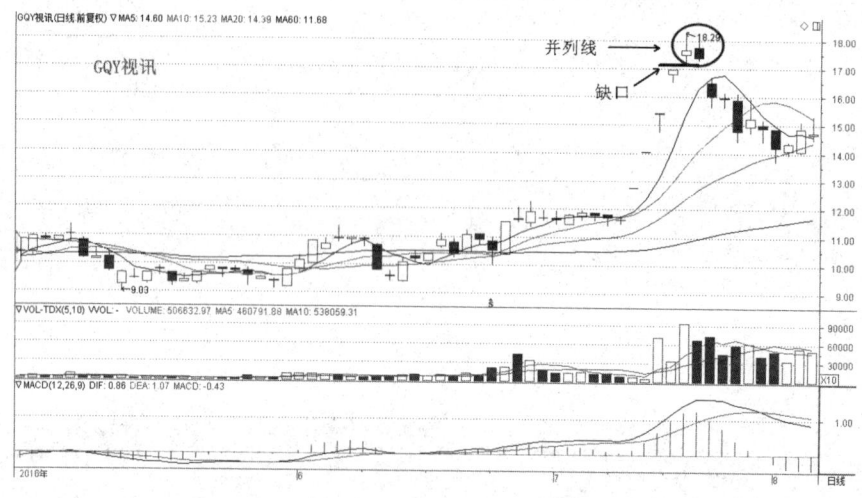

图案回顾点睛：GQY 视讯运用穷途末路战法的操作解析

由上图可见 GQY 视讯在这里涨得很好，涨停板打开，出现了两条并列线，第二天你可能看不出来，第三天你基本上就能看出来了，回补了前期缺口。这就是股票形态学中所说的岛型反转了，出现这种岛形反转的形态，当然要警惕了，是时候卖出了，之后 GQY 视讯果然出现阶段性的持续下跌。

澄星股份

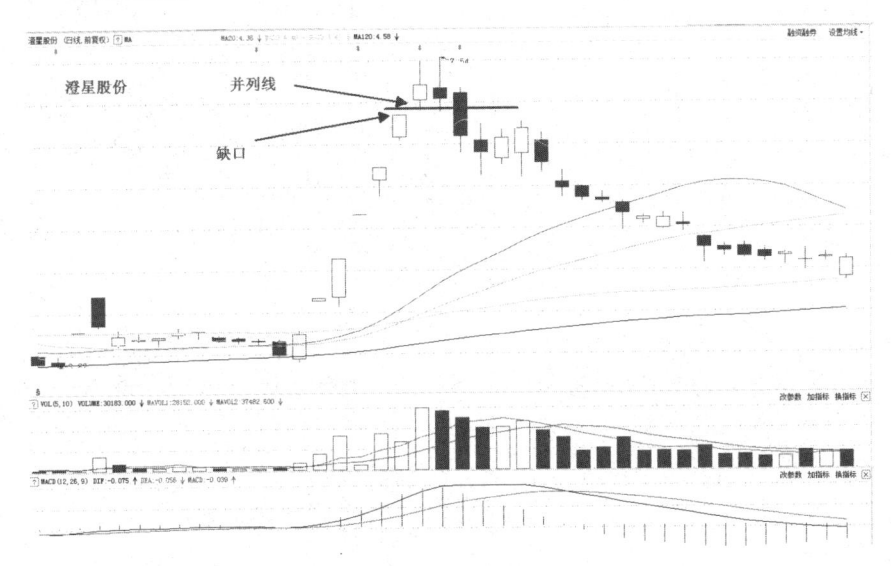

图案回顾点睛：澄星股份运用穷途末路战法的操作解析

澄星股份一路上涨，涨幅累计超过50%，由上图可以看到顶部区域形成一组很明显的跳空并列线，出现这种信号应马上考虑卖出了。综合前面的案例来分析，出现类似的情况时股价大概率是要拐头向下杀。

上海凤凰

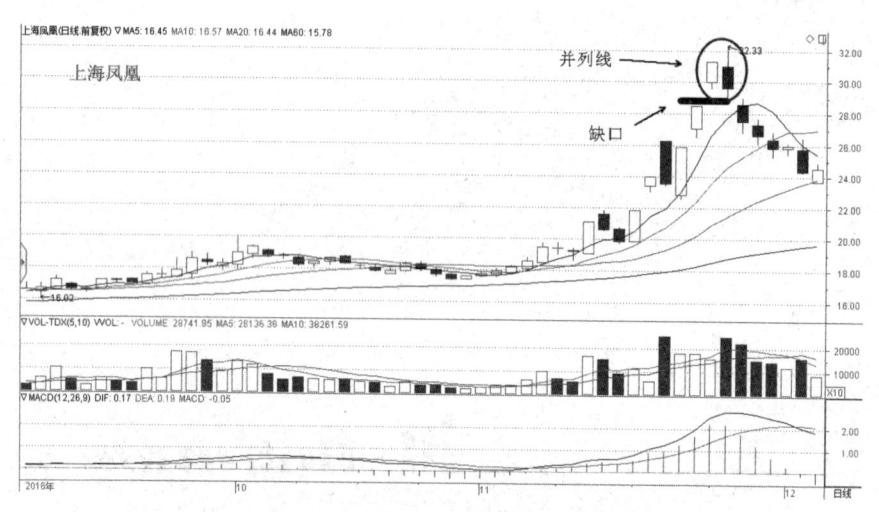

图案回顾点睛：上海凤凰运用穷途末路战法的操作解析

上图显示缺口出现了，之后是并列线，阴线回补缺口就是卖出确认信号。我们简单来跟大家分享一下，其实并列线并不是穷途末路卖出的唯一因素，在它出现之前涨幅足够大，并列线出现之后还可以继续观察，如果看出来端倪并且感觉不对劲的话，可以减持；但是如果看不出来，可以继续观察。等到第三天，出现一个回补缺口走势的时候，那基本上就是确认了，也就形成一个岛形反转了，其实就是一个卖出确认信号了。如果确认后再卖出，其实对后面的跌幅来说，也是赚到了，因为你至少规避了后面的阶段性跌幅了。千万要记住我们不可能每次都卖在最高点，很多人天天在想："我们有什么方法才能卖在最高点？"说真的，神仙也没有方法，在实际交易的时候，谁也没有办法保证时时能卖在最高点。

方大炭素

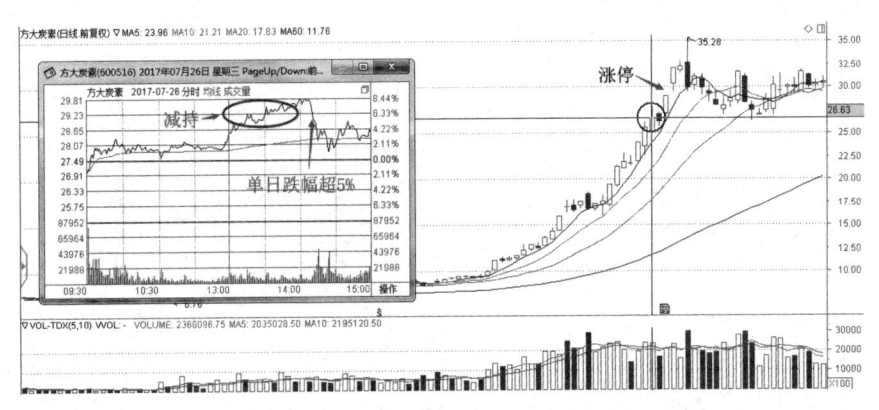

图案回顾点睛：方大炭素运用穷途末路战法的操作解析

在上图十字光标画圆圈这个位置，大家都觉得方大碳素已经涨得很厉害了，都已经开始减持了，就是分时图这一天，我们减持了大部分的底仓。在分时图这个位置，应用我介绍的卖出法及卖出原则：单日跌幅超过5%。于是我们在分时圆圈这个区域卖了，单日跌幅超过5%，事实上是一个松动筹码的信号，是一个卖出的信号。但是第三天又涨停了，冲上去了。我们回过头来看，分时图这天似乎不应该卖啊，但是我们不后悔。为什么？因为我们不可能时时卖到最高点，而且我们还有那么一点底仓。最重要的是，我们在这里获利了结之后，可以将资金腾出，投入其他更有机会的标的。

江苏索普

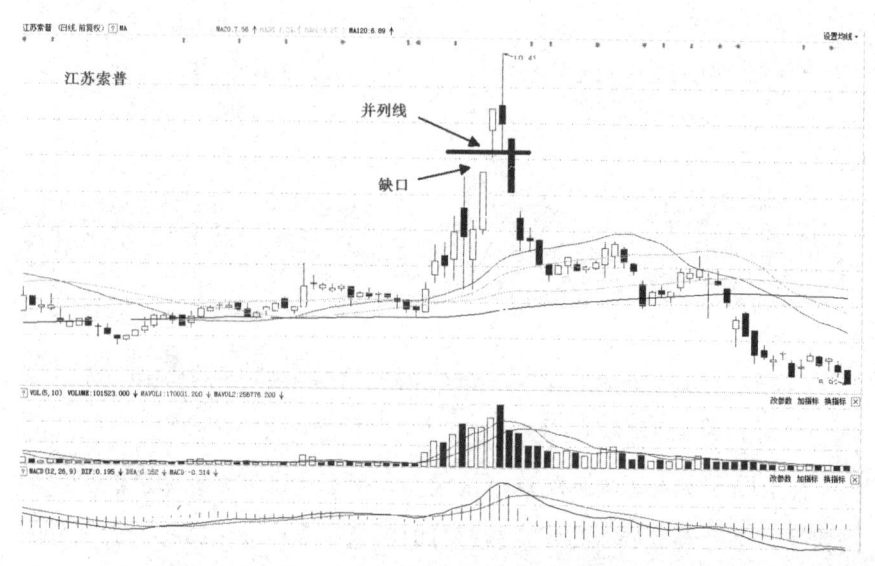

图案回顾点睛：江苏索普运用穷途末路战法的操作解析

再来看看江苏索普，1进2的接力涨停板存在一个跳空缺口，次日2进3接力涨停失败，并且最低价与前一日最低价形成并列状态，次日直接下跌回补跳空缺口，后面K线表现得更是惨不忍睹。如果熟悉穷途末路战法，在并列线之后的第一根大阴线位置就应该卖出了。

宝泰隆

图案回顾点睛：宝泰隆运用穷途末路战法的操作解析

上图显示，这里进去，第二天就涨停了。这就是我们买入战法里面的一个案例，大家应该很清晰地知道这里是恰当的买入点。我们可以在同一个板块里面去抓一些更安全、更有机会的标的。

中国宝安

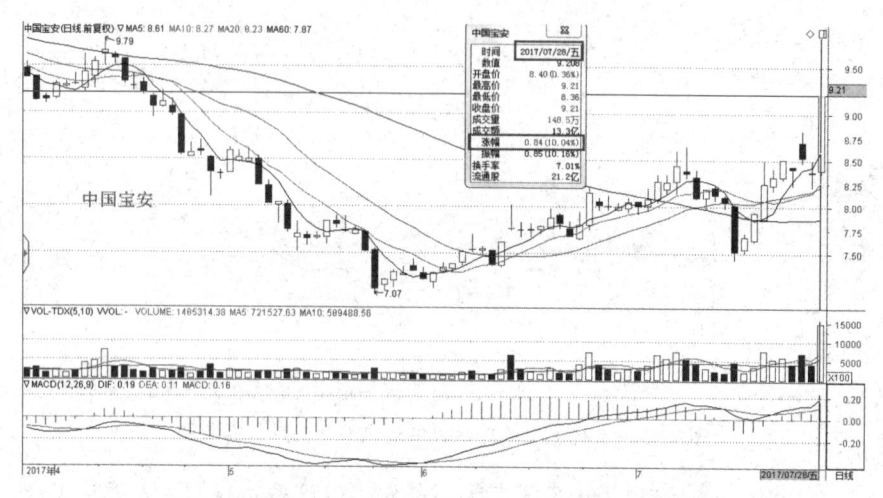

图案回顾点睛：中国宝安运用穷途末路战法的操作解析

上图显示中国宝安于 2017 年 7 月 28 日回调到位，并且在这天之后就来了一个涨停，7 月 28 日买入就会获益。如果还拿着方大碳素，是在高位动荡，是相对不安全的，低位的标的会更好一点。所以涨多了我们反而要卖，虽然也不一定会卖在最高点，但当出现一些卖出信号的时候，一定要警惕，要考虑落袋为安。

【学习温馨小总结】

在并列线出来之后，一个很重要的确认信号就是前期缺口的回补。如果并列线出现之后没有出现下跌回补缺口的话，它就有可能演绎成上涨中继形态。涨跌都是一线间的，股市也是瞬息万变的，大家要用变化的眼光去看待市场，不论是买还是卖，都要以扎实的基本功去应对股市的变化。我们在学习中，不仅要掌握"形"，更要领悟"神"，由"形"最终上升到"神"，不断提高、升华。我相信大家结合我的战法，去实战，不断摸索、不断总结，一定会有大的收获。我也希望大家在学会战法之后，能在实践当中去实战、去总结。我也希望大家加入我们的课程体系里来，多交作业，告诉我们你们的困惑以及你们的收获。

[**课后思考和作业**]

1.每一次卖出个股,无论是"卖飞"还是卖在最高点,都要加以总结,因为每一份交割单都会促使你在交易过程中成长。

2.让我们一起成长,牛散大学堂就是希望能够把我们一些有价值的思想和经验分享给更多的人,也希望能帮助更多的人。具体案例其实还有很多,大家也可以自己继续挖掘实战案例从而更熟练地掌握本书介绍的各种交易技巧。

(正在书前认真答题的您,可以把作业发送至邮箱并注明书名和章节,让我们一起探讨吧!邮箱地址:wgp168@vip.163.com)